REGULAMENTO GERAL DAS CAPITANIAS

REVISTO E ACTUALIZADO

ARMANDO BARROS
CHEFE DA POLÍCIA MARÍTIMA

NUNO VARANDA
AGENTE DA POLÍCIA MARÍTIMA

REGULAMENTO GERAL DAS CAPITANIAS

REVISTO E ACTUALIZADO

ALMEDINA

TÍTULO:	REGULAMENTO GERAL DAS CAPITANIAS. REVISTO E ACTUALIZADO
AUTOR:	ARMANDO BARROS, NUNO VARANDA
EDITOR:	LIVRARIA ALMEDINA – COIMBRA www.almedina.net
LIVRARIAS:	LIVRARIA ALMEDINA ARCO DE ALMEDINA, 15 TELEF. 239851900 FAX 239851901 3004-509 COIMBRA – PORTUGAL livraria@almedina.net LIVRARIA ALMEDINA ARRÁBIDA SHOPPING, LOJA 158 PRACETA HENRIQUE MOREIRA AFURADA 4400-475 V. N. GAIA – PORTUGAL arrabida@almedina.net LIVRARIA ALMEDINA – PORTO R. DE CEUTA, 79 TELEF. 222059773 FAX 222039497 4050-191 PORTO – PORTUGAL porto@almedina.net EDIÇÕES GLOBO, LDA. R. S. FILIPE NERY, 37-A (AO RATO) TELEF. 213857619 FAX 213844661 1250-225 LISBOA – PORTUGAL globo@almedina.net LIVRARIA ALMEDINA ATRIUM SALDANHA LOJAS 71 A 74 PRAÇA DUQUE DE SALDANHA, 1 TELEF. 213712690 1050-094 LISBOA atrium@almedina.net LIVRARIA ALMEDINA – BRAGA CAMPUS DE GUALTAR, UNIVERSIDADE DO MINHO, 4700-320 BRAGA TELEF. 253678822 braga@almedina.net
EXECUÇÃO GRÁFICA:	G.C. – GRÁFICA DE COIMBRA, LDA. PALHEIRA – ASSAFARGE 3001-453 COIMBRA E-mail: producao@graficadecoimbra.pt NOVEMBRO, 2003
DEPÓSITO LEGAL:	203552/03

Toda a reprodução desta obra, por fotocópia ou outro qualquer processo, sem prévia autorização escrita do Editor, é ilícita e passível de procedimento judicial contra o infractor.

PREFÁCIO

O Regulamento Geral das Capitanias que teve a sua publicação no Estado Novo, tem sofrido ao longo dos anos, diversas alterações devido às convulsões políticas e sociais que tem ocorrido.

Desde há muito, pairava no nosso espírito, a necessidade de adaptá-lo à legislação actual por ser de suma importância para todos aqueles que lidam com as matérias em causa.

Desta forma, e, imbuídos desse espírito, expurgámos de todo o seu articulado a referência ao Estado Novo e introduzimos as designações das entidades criadas pelo XIV e XV Governo Constitucional, nomeadamente a Autoridade Marítima Nacional, Direcção-Geral da Autoridade Marítima, Instituto Portuário e dos Transportes Marítimos e a Direcção-Geral das Pescas e Aquicultura.

Esta foi a obra possível, esperamos que sirva a todos aqueles que a consultem.

Assim, ficamos na expectativa de ter contribuído para uma melhor compreensão daquele diploma fundamental das actividades marítimas civis.

Agradecimento ao Senhor Piteira Romão, escrivão da Capitania do Porto de Leixões, pela colaboração prestada.

Leixões, Abril de 2003

Os Autores,

ARMANDO FRANCISCO CASTRO CUNHA BARROS
Chefe da Polícia Marítima

NUNO JOAQUIM PIRES VARANDA
Agente da Polícia Marítima

PRINCIPAIS ABREVIATURAS

1. **(Geral)**

AMN	–	Autoridade Marítima Nacional
CA	–	Conselho Administrativo
CCAMN	–	Conselho Consultivo da Autoridade Marítima Nacional
CC	–	Código Comercial
CCN	–	Conselho Coordenador Nacional
CDPM	–	Comissão do Domínio Público Marítimo
CEMA	–	Chefe do Estado Maior da Armada
CILC	–	Convenção Internacional das Linhas de Carga
CIS	–	Código Internacional de Sinais
CISVHM	–	Convenção Internacional para Salvaguarda da Vida Humana no Mar
CNUDM	–	Convenção das Nações Unidas sobre o Direito do Mar
CPDMM	–	Código Penal e Disciplinar da Marinha Mercante
DF	–	Direcção de Faróis
DGAM	–	Direcção-Geral da Autoridade Marítima
DGPA	–	Direcção-Geral de Pescas e Aquicultura
IH	–	Instituto Hidrográfico
IPA	–	Instituto Português da Arqueologia
IPTM	–	Instituto Portuário e dos Transportes Marítimos
ISN	–	Instituto de Socorros a Náufragos
MP	–	Ministério Público
PM	–	Polícia Marítima
QPMM	–	Quadro do Pessoal Militarizado de Marinha
QPCM	–	Quadro do Pessoal Civil da Marinha
RABP	–	Regulamento de Assistência a Banhistas nas Praias
RGC	–	Regulamento Geral das Capitanias
RIEAM	–	Regulamento Internacional para evitar Abalroamentos no Mar

RISN	– Regulamento do Instituto de Socorros a Náufragos
RIM	– Regulamento da Inscrição Marítima
RSRE	– Regulamento do Serviço Radioeléctrico das Embarcações
SAM	– Sistema de Autoridade Marítima
t	– Toneladas
TAB	– Tonelagem de Arqueação Bruta
TM	– Tribunal Marítimo
ZEE	– Zona Económica Exclusiva

2. (Das embarcações, tipo/área de operação)

AL	– Auxiliar local
AC	– Auxiliar costeira
AA	– Auxiliar do alto
L	– De pesca local
C	– De pesca costeira
N	– De pesca do largo
RL	– Rebocador local
RC	– Rebocador costeiro
RA	– Rebocador do alto
EST	– Embarcação do estado

3. (Das embarcações, quanto ao Porto de Registo)

A	– Aveiro
AL	– Albufeira
AH	– Angra do Heroísmo
AS	– Sagres
B	– Barreiro
C	– Caminha
CS	– Cascais
E	– Ericiera
ES	– Esposende
F	– Faro
FF	– Figueira da Foz

FN	–	Funchal
FZ	–	Fuzeta
H	–	Horta
L	–	Leixões
LG	–	Lagos
LP	–	Lages (Ilha do Pico)
LX	–	Lisboa
N	–	Nazaré
AN	–	Âncora
O	–	Olhão
P	–	Douro
PD	–	Ponta Delgada
PE	–	Peniche
PM	–	Portimão
PS	–	Porto Santo
PV	–	Póvoa de Varzim
Q	–	Quarteira
RE	–	Régua
RG	–	Ribeira Grande
S	–	Setúbal
SB	–	Sesimbra
SF	–	Santa Cruz (Ilha das Flores)
SG	–	Santa Cruz (Ilha Graciosa)
SM	–	S. Martinho do Porto
SN	–	Sines
SR	–	S. Roque (Ilha do Pico)
T	–	Tavira
TR	–	Trafaria
V	–	Viana do Castelo
VC	–	Vila do Conde
VE	–	Velas (Ilha de S. Jorge)
VF	–	Vila Franca do Campo
VP	–	Vila do Porto
VR	–	Vila Real de Ssanto António
VV	–	Vila da Praia da Vitória
VX	–	Vila Franca de Xira

REGULAMENTO GERAL DAS CAPITANIAS

DECRETO-LEI N.º 265/72,
de 31 de Julho(*)

CAPÍTULO I
Repartições Marítimas

ARTIGO 1.º
Repartições marítimas

1. As repartições marítimas – capitanias dos portos e delegações marítimas – são órgãos locais da Direcção-Geral da Autoridade Marítima destinados a desempenhar nas respectivas áreas as funções que lhes estejam ou forem atribuídas por lei e a fiscalizar o cumprimento das decisões, e consequentes procedimentos, das competências da mesma Direcção--Geral. (Cfr. Art.º 8.º do D.L. 44/02 de 02MAR)

2. (*Revogado pelo D.L. 44/02 de 02 Mar*)
As delegações marítimas integram as estruturas das capitanias, como extensões territoriais destas chefiadas por adjuntos dos capitães dos portos, nomeados pela Autoridade Marítima Nacional. (Cfr. n.º 2 do art.º 12.º do D.L. 44/02 de 02MAR)

3. No continente e ilhas adjacentes existem as repartições marítimas constantes do quadro n.º 1 anexo a este diploma.

4. As repartições marítimas criam-se ou extinguem-se por decreto.

5. As repartições marítimas são consideradas repartições públicas e ficam exclusivamente sujeitas às competentes autoridades do Ministério da Defesa; o pessoal que nelas presta serviço só pode ser notificado pelas autoridades administrativas nos mesmos termos em que pode ser feita a sua requisição pelos tribunais civis. (Cfr. D.L. 135/99 de 22ABR)

(*) Com a redacção introduzida pelos seguintes diplomas:
- Portaria n.º 44/73 de 23.01 que alterou o quadro n.º 1 do anexo ao R.G.C.;
- C.R.P. revoga o art.º 87.º do R.G.C.;
- Portaria n.º 172/78 de 30.03 que alterou o quadro n.º 1 do anexo ao R.G.C.;
- Portaria n.º 554/78 de 15.09 que alterou o quadro n.º 1 do anexo ao R.G.C.;
- Portaria n.º 607/79 de 22.11 que alterou os arts. 27.º, 28.º e 29.º do R.G.C.;
- Portaria n.º 886/81 de 03.10 que alterou o quadro n.º 1 do anexo ao R.G.C.;
- Decreto Regulamentar 5/85 de 16.01 cria na dependência da Capitania do Porto do Douro, a Delegação Marítima da Régua;
- Lei n.º 35/86 de 4.9 que revogou as alíneas oo) e qq) do n.º 1 do art.º 10,º e os arts. 206.º a 228.º do R.G.C.;
- Decreto-Lei n.º 278/87 de 07.07 que revogou os arts. 21.º; 34.º a 42.º; 47.º (com excepção do n.º 2); 48.º; 50.º (o seu n.º 2); 52.º; 56.º; 57.º; 229.º e 230.º do R.G.C.;
- D/Reg. 43/87, de 10.07 (alterado pelo D/Reg. 7/00, de 30.05) que alterou o art.º 55.º do R.G.C.;
- Decreto-Lei n.º 150/88 de 26.04, (alterado pelo D.L. 119/95 de 30.05) que revogou os arts. 46.º (n.ºs. 3 e 4), 49.º; 50.º (n.º 1), 53.º do R.G.C. ;
- Decreto-Lei n.º 162/88 de 14.05 que alterou os arts. 108.º; 115.º; 137.º; 145.º a 147.º do R.G.C.;
- Decreto-Lei n.º 284/88 de 12.08 que alterou o art.º 128.º do R.G.C.;
- Decreto-Lei n.º 55/89 de 22.02 que aditou o art.º 81.º-A do R.G.C.;
- Portaria n.º 32/90 de 16.01 que alterou o quadro n.º 2 do anexo ao R.G.C.;
- Decreto-Lei n.º 249/90 de 01.08 que aditou o art. 19.º-A e alterou o art.º 108.º do R.G.C.;
- Decreto-Lei n.º 237/94 de 19.9 que alterou o quadro n.º 1 do R.G.C.;
- Decreto-Lei n.º 245/94 de 26.09 define o regime jurídico da arqueação dos navios;
- Decreto-Lei n.º 26/95 de 08.02 que alterou o art. 95.º do R.G.C;
- Decreto-Lei n.º 329/95 de 09.12 que alterou os arts. 22.º e 43.º do R.G.C.;
- Decreto-Lei n.º 248/95 de 21.09 que revogou os arts. 16.º e 17.º do R.G.C.;
- Decreto-Lei n.º 190/98 de 10.07 que revogou o art. 135.º do R.G.C.;
- Decreto-Lei n.º 191/98 de 10.07 que revogou o art. 134.º e a alínea h) do n.º 1 do art. 121.º do R.G.C.;
- Decreto-Lei n.º 195/98 de 10.07 que revogou o art. 162.º do R.G.C.;
- Decreto-Lei n.º 287/98 de 17.09 que aditou o art. 23.º-A, e alterou o art. 19.º do R.G.C..
- Decreto-Lei n.º 208/00 de 02.09 que alterou os arts. 78.º e 120.º do R.G.C.;
- Decreto-Lei n.º 248/00 de 03.10 (Aprova o Certificado de Conformidade)
- Decreto-Lei n.º 280/01 de 09.10 que revogou o n.º 3 do art. 135.º e n.º 2 do art. 235.º do R.G.C.;
- Decreto-Lei n.º 43/02 de 02.03 define a organização e atribuições do SAM e cria a AMN.
- Decreto-Lei n.º 44/02 de 02.03 estabelece as atribuições, a estrutura e organização da AMN e cria a DGAM.
- Decreto-Lei n.º 45/02 de 02.03 estabelece o regime das contra-ordenações a aplicar nas áreas da sob a jurisdição da AMN.

– Decreto-Lei n.º 46/02 de 02.03 Autoridade Portuária
– Decreto-Lei n.º 246/02 de 08.11 cria a Direcção-Geral das Pesca e Aquicultura.
– Decreto-Lei n.º 257/02 de 22.03 cria o Instituto Portuário e dos Transportes Marítimos.
– Decreto-Lei n.º 257/02 de 22.11 que revogou os n.ºs 2 e 3 do art. 156.º do R.G.C.;

ARTIGO 2.º
Limites das áreas de jurisdição das repartições marítimas

1. As estremas das áreas de jurisdição das repartições marítimas são as que figuram no quadro n.º 1 anexo a este diploma.

2. As estremas a que se refere o número anterior podem ser modificadas por portaria do Governo desde que se trate de ajustar entre as diversas repartições marítimas as áreas de jurisdição que lhes pertencem.

3. A determinação das estremas referidas nos números anteriores, à excepção das que confrontem com áreas de jurisdição de país estrangeiro, é definida por normas fixadas por portaria do Governo.

4. Entre as estremas a que se referem os números anteriores, a jurisdição das repartições marítimas abrange:

a) As águas do mar, respectivos leitos e margens nas condições e limites em que naqueles é exercida a jurisdição do Estado Português;

b) As águas interiores, respectivos leitos e margens até ao limite interior estabelecido no quadro n.º 1 anexo a este diploma.

5. A jurisdição das repartições marítimas exerce-se sempre, fora das áreas referidas nos números anteriores, sobre toda a área portuária e sobre as zonas de estaleiros de construção naval, secas, tiradouros, tendais das artes de pesca e seus arraiais e outras instalações de natureza semelhante, em parte situadas dentro das suas áreas.

ARTIGO 3.º
(Revogado pelo D.L. 44/02 de 02.03)

ARTIGO 4.º
Jurisdição marítima

1. Entende-se por jurisdição marítima a actividade exercida pelas autoridades marítimas para o desempenho da sua competência.

2. As autoridades consulares ou navais exercem jurisdição marítima nas condições expressas na legislação em vigor.

ARTIGO 5.º
Capitães de portos e oficiais adjuntos
(Cfr. Art.º 12.º e 20.º do D.L. 44/02 de 02MAR)

1. As capitanias dos portos e as delegações marítimas são chefiadas por oficiais da Armada designados, respectivamente, por capitães de portos e por oficiais adjuntos.

2. Os capitães de portos estão hierarquicamente subordinados ao chefe do Departamento Marítimo, principalmente no que respeita ao aspecto disciplinar e à coordenação do funcionamento das capitanias.

ARTIGO 6.º
Substituição dos capitães de portos

A substituição dos capitães de portos, nas suas faltas ou impedimentos, faz-se sucessivamente:
   a) Pelo adjunto mais graduado ou antigo;
   b) Pelo oficial mais graduado ou antigo que preste serviço na capitania;
   c) Por outro oficial da Armada designado pelo director-geral da Autoridade Marítima entre os oficiais que prestam serviço na respectiva Direcção-Geral.

ARTIGO 7.º
(Revogado pelo D.L. 44/02 de 02.03)

ARTIGO 8.º
Lotações das repartições marítimas

1. As lotações de pessoal militar e de pessoal civil de cada capitania ou delegação marítima são fixadas, respectivamente, por portaria e por despacho do Ministro da Defesa, podendo compreender:
   a) Oficiais-adjuntos;
   b) Patrão-mor;
   c) Escrivão;
   d) Pessoal militarizado da Polícia Marítima;
   e) Outro pessoal militar da Armada, do QPMM e do QPCM.

2. Nas portarias ou despachos referidos no número anterior serão fixados os postos e classes ou categorias dos oficiais-adjuntos, dos patrões-mores, dos escrivães e do restante pessoal em serviço na repartição marítima.
(Cfr. Art.º 19.º do D.L. 44/02, de 02MAR)

ARTIGO 9.º
Competência disciplinar dos capitães de portos e dos oficiais-adjuntos

1. Os capitães de portos têm a competência disciplinar prevista:
a) No RDM, no que se refere aos militares, que prestam serviço nas suas capitanias ou delegações marítimas;
b) No CPDMM, no que respeita aos indivíduos e circunstâncias em que o mesmo Código é aplicável.
c) No Estatuto Disciplinar dos Funcionários e Agentes da Administração Pública (central, regional e local), no que se refere ao pessoal civil.

2. Para além do disposto no número anterior, os capitães de portos e oficiais-adjuntos têm a competência penal e disciplinar constante deste diploma e de outra legislação referente à autoridade marítima.

3. Os oficiais-adjuntos têm de igual modo a competência disciplinar prevista na alínea a) do n.º 1.

ARTIGO 10.º
(Revogado pelo D.L. 44/02 de 02.03)
Competências do capitão do porto
(Cfr. art. 13.º do D.L. 44/02 de 02.03)

1 – O capitão do porto é a autoridade marítima local a quem compete exercer a autoridade do Estado, designadamente em matéria de fiscalização, policiamento e segurança da navegação, de pessoas e bens, na respectiva área de jurisdição, nos termos dos números seguintes.

2 – Compete ao capitão do porto, no exercício de funções de autoridade marítima:
a) Coordenar e executar acções de fiscalização e vigilância que se enquadrem no seu âmbito e área de jurisdição, nos termos da lei;
b) Exercer as competências que lhe são cometidas no âmbito da lei de segurança interna;
c) Dirigir operacionalmente, enquanto responsável de protecção civil, as acções decorrentes das competências que, neste âmbito, lhe estão

legalmente cometidas, em cooperação com outras entidades e sem prejuízo das competências da tutela nacional da protecção civil;

d) Proceder a inquérito em caso de sinistros marítimos e, relativamente aos acidentes que envolvam feridos ou mortos, efectuar as diligências processuais necessárias, sob direcção da competente autoridade judiciária, sem prejuízo da investigação técnica de acidentes pelo Instituto Portuário e dos Transportes Marítimos;

e) Efectuar a investigação da ocorrência em caso de naufrágios e proceder de acordo com o estipulado na legislação do registo civil;

f) Receber os relatórios e protestos de mar apresentados pelos comandantes das embarcações nacionais, comunitárias e de países terceiros e proceder à respectiva instrução processual, de acordo com o estabelecido em legislação própria;

g) Promover tentativas de conciliação nas matérias especialmente previstas na lei dos tribunais marítimos;

h) Verificar, imediatamente antes da largada de navios ou embarcações, a existência e conformidade dos documentos exigidos pela legislação em vigor para o efeito e emitidos pelas autoridades portuárias, sanitárias, alfandegárias, fiscais e policiais, sem prejuízo da visita e da verificação documental sempre que ocorram suspeitas de infracções de natureza penal ou contra-ordenacional, a fim de ser emitido despacho de largada;

i) Determinar a detenção de embarcações, nos casos legalmente previstos, designadamente no Decreto-Lei n.º 195/98, de 10 de Julho;

j) Impedir a saída das embarcações que tenham praticado ilícito penal ou contra-ordenacional enquanto não prestarem a caução que lhes tenha sido imposta nos termos legais;

k) Exercer a autoridade de Estado a bordo de navios ou embarcações comunitários e estrangeiros, observados os requisitos preceituados no artigo 27.º da Convenção das Nações Unidas sobre o Direito do Mar, quando se verifiquem alterações da ordem pública, ocorrência de indícios criminais ou quando os mesmos se encontrem sem capitão ou em processo de abandono;

l) Fiscalizar o cumprimento das normas legais relativas às pescas.

3 – Compete ao capitão do porto, no âmbito do salvamento e socorro marítimos:

a) Prestar o auxílio e socorro a náufragos e a embarcações, utilizando os recursos materiais da capitania ou requisitando-os a organismos públicos e particulares se tal for necessário;

b) Superintender as acções de assistência e salvamento de banhistas nas praias da área da sua capitania.

4 – Compete ao capitão do porto, no exercício de funções no âmbito da segurança da navegação:

a) Estabelecer, quanto a navios comunitários e estrangeiros, formas de acesso ao mar territorial ou sua interdição, em cooperação com a Autoridade de Controlo de Tráfego Marítimo;

b) Determinar o fecho da barra, por imperativos decorrentes da alteração da ordem pública e, ouvidas as autoridades portuárias, com base em razões respeitantes às condições de tempo e mar;

c) Cumprir as formalidades previstas na lei quanto a embarcações que transportam cargas perigosas e fiscalizar o cumprimento dos normativos aplicáveis, bem como as medidas de segurança para a sua movimentação nos portos;

d) Estabelecer fundeadouros fora das áreas de jurisdição portuária;

e) Emitir parecer sobre fundeadouros que sejam estabelecidos na área de jurisdição portuária, no caso de cargas perigosas;

f) Emitir parecer sobre dragagens e fiscalizar o cumprimento do estabelecido quanto à sua execução, sem prejuízo das competências específicas das autoridades portuárias e de se dever assegurar permanentemente a plena acessibilidade às instalações militares sediadas na área de jurisdição portuária;

g) Publicar o edital da capitania, enquanto conjunto de orientações, informações e determinações no âmbito das competências que lhe estão legalmente cometidas, tendo em conta as atribuições das autoridades portuárias;

h) Publicar avisos à navegação quanto a actividades ou acontecimentos nos espaços marítimos sob soberania ou jurisdição nacional, bem como promover a divulgação dos que sejam aplicáveis na área de jurisdição portuária, sem prejuízo das competências específicas do Instituto Hidrográfico;

i) Garantir o assinalamento marítimo costeiro, em articulação com a Direcção de Faróis;

j) Dar parecer técnico em matéria de assinalamento marítimo na área de jurisdição portuária;

k) Coordenar as acções de combate à poluição, nos termos definidos no Plano Mar Limpo;

l) Executar os procedimentos previstos em lei especial sobre embarcações de alta velocidade (EAV), competindo-lhe, ainda, a fiscalização do cumprimento dos normativos aplicáveis e a instrução processual dos ilícitos;

m) Promover, sem prejuízo das competências específicas das autoridades portuárias e ambientais, as acções processuais e operacionais necessárias ao assinalamento e remoção de destroços de embarcações naufragadas ou encalhadas, quando exista perigo de poluição marítima, perigo para a segurança da navegação ou coloquem dificuldades à entrada e saída de navios dos portos;

n) Conceder autorizações especiais para a realização de eventos de natureza desportiva ou cultural que ocorram em zonas balneares ou áreas de jurisdição marítima.

5 – Compete ao capitão do porto, no exercício de funções de carácter técnico – administrativo:

a) Fixar a lotação de segurança de embarcações nacionais do tráfego local;

b) Confirmar no original do Rol de Tripulação a sua recepção; (Cfr. n.º 2 do art.º 5.º do Anexo V do D.L. 280/01, de 23OUT)

c) Emitir licenças para exercício e exploração de actividades marítimo-turísticas de embarcações, dar parecer sobre emissão de licenças especiais e fiscalizar o seu cumprimento, nos termos da legislação aplicável; (Cfr. D.L. 21/02, de 31JAN, c/alterações do D.L. 269/03, de 28OUT)

d) Efectuar a visita e verificação documental a todos os tipos de embarcações, conferindo o manifesto de carga, o rol de tripulação, a lista de passageiros, os documentos de certificação da embarcação e os demais papéis de bordo, nos casos estabelecidos legalmente;

e) Efectuar as vistorias relativas a reboque de embarcações nacionais que demandem ou larguem de portos na área da capitania;

f) Presidir a comissões de vistoria em matéria de estabelecimentos de culturas marinhas, de acordo com o estabelecido em lei especial.

6. Compete ao capitão do porto, no âmbito do registo patrimonial de embarcações:

a) Efectuar o registo de propriedade de embarcações nacionais, assim como o cancelamento, reforma e alteração de registo, de acordo com o estabelecido legalmente, nomeadamente em matéria de registo de bens móveis e náutica de recreio;

b) Efectuar a inscrição marítima, determinar a sua suspensão e cancelamento, emitir, renovar e reter a cédula de inscrição marítima, manter actualizados todos os registos relativos às carreiras, cédulas marítimas e embarques de marítimos, nos termos do RIM em vigor;

c) Assinar, rubricar ou autenticar, conforme os casos, os certificados, livros, autos, termos, certidões, cópias ou outros documentos pertencentes a embarcações nacionais ou ao serviço da capitania cuja emissão caiba no âmbito das atribuições legais dos órgãos regionais ou locais da DGAM.

d) Conceder licenças para praticar actos de acordo com o estabelecido na tabela de serviços prestados pelos órgãos regionais ou locais da DGAM ou em legislação especial;

e) Promover a cobrança de receitas cuja competência esteja legalmente cometida à DGAM;

f) Determinar o abate, nas condições previstas legalmente, decorrente da autorização da demolição ou da determinação de desmantelamento de embarcações.

7 – Compete ao capitão do porto, no âmbito contra-ordenacional:

a) Levantar autos de notícia e instruir processos por ilícitos contra-ordenacionais nas matérias para as quais a lei lhe atribua competência, determinar o estabelecimento de cauções e aplicar medidas cautelares, coimas e sanções acessórias;

b) Instruir os processos contra-ordenacionais por ilícitos cometidos em matéria de esquemas de separação de tráfego (EST) e aplicar coimas e sanções acessórias.

8 – Compete ao capitão do porto, no âmbito da protecção e conservação do domínio público marítimo e da defesa do património cultural subaquático:

a) Fiscalizar e colaborar na conservação do domínio público marítimo, nomeadamente informando as entidades administrantes sobre todas as ocupações e utilizações abusivas que nele se façam e desenvolvam;

b) Dar parecer sobre processos de construção de cais e marinas, bem como de outras estruturas de utilidade pública e privada que se projectem e realizem na sua área de jurisdição;

c) Dar parecer sobre os processos de delimitação do domínio público hídrico sob jurisdição da AMN;

d) Fiscalizar e promover as medidas cautelares que assegurem a preservação e defesa do património cultural subaquático, sem prejuízo das competências legalmente atribuídas a outros órgãos de tutela;

e) Publicar os editais de praia, estabelecendo os instrumentos de regulamentação conexos com a actividade balnear e a assistência aos banhistas nas praias, designadamente no respeitante a vistorias dos apoios de praia.

9. Compete ao capitão do porto, no âmbito da pesca, da aquicultura e das actividades conexas, executar as competências previstas em legislação específica.

10. Compete ainda ao capitão do porto exercer as demais competências previstas em leis especiais.

ARTIGO 11.º
(Revogado pelo D.L. 44/02 de 02.03)

ARTIGO 12.º
Competência dos oficiais adjuntos

Aos oficiais-adjuntos compete auxiliar os chefes das repartições marítimas nos termos fixados nos regulamentos internos das respectivas repartições.

ARTIGO 13.º
Competência dos patrões-mores

Compete, em geral, aos patrões-mores auxiliar os chefes das repartições marítimas, observando as ordens e instruções que estes lhes derem em forma legal, cabendo-lhes especificamente:

a) Propor tudo que possa concorrer para desenvolvimento e melhoria do serviço;

b) Ter a seu cargo as embarcações e material marítimo afectados à repartição, velando pela sua conservação, e detalhar e fiscalizar o pessoal empregado no respectivo serviço;

c) Dirigir e fiscalizar o serviço de sinais da repartição marítima e velar pela conservação do respectivo material;

d) Registar, em livro apropriado, os serviços executados, material consumido ou inutilizado, ocorrências dignas de menção e informações que julgar úteis, relativas ao serviço, submetendo diariamente, esse livro a visto do chefe da repartição;

e) Inspeccionar, quando necessário, as embarcações nacionais, no que respeita ao aparelho, ferros, amarras, faróis, embarcações miúdas, meios de salvação e mais pertences;

f) Auxiliar, quando determinado pelo chefe da repartição marítima, o lançamento ao mar de embarcações e fiscalizar esse lançamento quando não seja executado por técnicos de construção naval;

g) Verificar, na medida do exequível e conforme as circunstâncias de tempo, mar e correntes, a forma como as embarcações estão fundeadas, amarradas, atracadas ou varadas e se as amarrações fixas se conservam nas respectivas posições, atendendo especialmente ao cumprimento das disposições de segurança; (Cfr. alínea d) do n.º 4 do art.º 13.º D.L. 44/02 de 02MAR).

h) *(Revogada pelo D.L. 248/95 de 21.09)*

i) Prestar a colaboração que resulte das suas funções ou dos seus conhecimentos profissionais, em caso de sinistro marítimo e socorros a náufragos;

j) Tomar parte nas vistorias e exames que se realizem na área de jurisdição da sua repartição marítima, quando a sua colaboração seja requerida por lei ou pelos seus conhecimentos profissionais.

ARTIGO 14.º
Competência dos escrivães

Compete, em geral, aos escrivães dirigir e executar o serviço de secretaria e auxiliar os chefes das repartições marítimas, observando as ordens e instruções que estes lhes derem em forma legal, cabendo-lhes especialmente:

a) Autenticar, pessoalmente, os termos, autos, certidões e documentos passados pela repartição marítima que não devam ser assinados pelo respectivo chefe;

b) Ter a seu cargo o mobiliário, livros e outro material da repartição marítima que não devam estar a cargo de outro funcionário;

c) Lavrar os registos de propriedade das embarcações e assiná-los com o chefe da repartição marítima;

d) Receber e registar as importâncias relativas às receitas que, por lei, compete à repartição marítima cobrar, desde que não haja na repartição outro funcionário a quem isso deva competir.

ARTIGO 15.º, 16.º e 17.º
(Revogados pelo D.L. 248/95 de 21.09)

ARTIGO 18.º
Competência do restante pessoal militar e civil

Ao pessoal a que se refere a alínea e) do n.º 1 do artigo 8.º cabem as funções que, de acordo com os respectivos postos e classes ou categorias e especialidades, lhe sejam atribuídas nos regulamentos das respectivas repartições.

CAPITULO II
Classificação das embarcações nacionais

ARTIGO 19.°
Classificação das embarcações quanto às actividades a que se destinam

1. As embarcações da Marinha Nacional, incluindo as do Estado não pertencentes à Armada, a forças e serviços de segurança interna e a outros órgãos do Estado com atribuições de fiscalização marítima, em conformidade com as actividades a que se destinam, classificam-se em: (Nova redacção dada pelo D.L. 287/98 de 17SET)
  a) De comércio;
  b) De pesca;
  c) De recreio;
  d) Rebocadores;
  e) De investigação;
  f) Auxiliares;
  g) Outras do Estado.

2. As embarcações a que se referem as alíneas *a)*, *b)*, *d)* e *f)* do número anterior constituem a marinha mercante e designam-se por embarcações mercantes.

ARTIGO 19.°-A
Embarcações de alta velocidade
(Aditado pelo art.° 15.° do D.L. 249/90 de 01AGO)

De acordo com legislação específica, as embarcações nacionais podem ser classificadas como embarcações de alta velocidade, independentemente das actividades a que se destinam.

ARTIGO 20.°
Embarcações de comércio

Embarcações de comércio são as destinadas ao transporte de pessoas e de carga, mesmo, quando desprovidas de meios de propulsão, considerando-se como tal as que só podem navegar por meio de rebocadores.

ARTIGO 21.º
(Revogado pelo D.L. n.º 278/87 de 7.7)

ARTIGO 22.º
Embarcações de recreio
(Cfr. D.L. 329/95 de 09DEZ e D.L. 192/03 de 22 AGO)

Embarcações de recreio são as que se empregam nos desportos náuticos, na pesca desportiva ou em simples entretenimento, sem quaisquer fins lucrativos para os seus utentes ou proprietários.

ARTIGO 23.º
Rebocadores

1. Rebocadores são embarcações de propulsão mecânica destinadas a conduzir outras por meio de cabos ou outros meios não permanentes.

2. Os rebocadores especialmente preparados para o salvamento de navios em perigo ou das suas tripulações e passageiros são designados por rebocadores salvadegos ou de salvação.

ARTIGO 23.º-A
(Aditado pelo D.L. 287/98 de 17SET)

1. As embarcações de investigação são as que dotadas de meios de propulsão mecânica se destinam, consoante a sua aptidão técnica, à investigação científica, oceânica ou costeira.

2. As embarcações referidas no número anterior ficam sujeitas ao regime legal aplicável às embarcações auxiliares.

ARTIGO 24.º
Embarcações auxiliares

Embarcações auxiliares são as que se empregam em serviços não abrangidos nos artigos anteriores, mesmo as desprovidas de meios de propulsão, e cuja designação lhes é dada conforme o serviço especial a que se destinam.

ARTIGO 25.º
Classificação das embarcações de comércio quanto à área em que podem operar

As embarcações de comércio, quanto à área em que podem operar, classificam-se em:
 a) Do tráfego local;
 b) De navegação costeira nacional ou internacional;
 c) De cabotagem;
 d) De longo curso.

ARTIGO 26.º
Embarcações de tráfego local

1. Embarcações de tráfego local são as que operam dentro dos portos e respectivos rios, rias, lagos, lagoas e esteiros e, em geral, dentro das águas interiores da área de jurisdição da capitania ou delegação marítima em que estão registadas.

2. Na metrópole é permitido às embarcações de tráfego local fazer navegação costeira nas seguintes zonas:
 a) Entre Porto e Leixões;
 b) Entre Peniche e Berlenga;
 c) Entre Lisboa e Cascais;
 d) Entre Lisboa e Setúbal;
 e) Entre Setúbal e Sines;
 f) Entre Sines e Vila Nova de Milfontes;
 g) Entre Lagos e Albufeira;
 h) Entre Albufeira e Tavira;
 i) Entre Tavira e Vila Real de Santo António;
 j) Entre as ilhas de S. Miguel e Santa Maria;
 l) Entre as ilhas do Faial, Pico, S. Jorge, Graciosa e Terceira;
 m) Entre as ilhas das Flores e do Corvo;
 n) Entre as ilhas da Madeira, Porto Santo, Desertas e Selvagens.

3. As embarcações de tráfego local registadas nos portos incluídos em cada uma das zonas mencionadas no número anterior sempre que pretendam utilizar-se da permissão citada, só o poderão fazer desde que:
 a) A autoridade marítima respectiva reconheça, mediante vistoria, que estão em condições de realizar a viagem pretendida, tendo em conta o

estado e qualidade da embarcação em relação com o estado do tempo e sua previsão para o período da viagem;
  b) Estejam munidas de certificado de navegabilidade.
  4. As vistorias a que se refere a alínea *a)* do número anterior não isentam a embarcação das vistorias de manutenção para se averiguar da sua conservação e condições de segurança.
  5. O Governo pode, para embarcações de tráfego local, alterar por portaria, as zonas especificadas no n.º 2 deste artigo.

ARTIGO 27.º
Embarcações de navegação costeira nacional

1. Embarcações de navegação costeira nacional são as que só podem navegar ao longo das costas nacionais, de um modo geral, à vista de terra, limitando-se a escalar portos nacionais.
  2. As embarcações referidas no numero anterior fazem navegação costeira nas seguintes zonas:
  a) Para as registadas nos portos do continente – entre estes portos;
  b) Para as registadas nos portos da Região Autónoma dos Açores – entre quaisquer portos das respectivas ilhas; (Nova redacção dada pela Port.ª 607/79 de 22NOV)
  c) Para as registadas nos portos do arquipélago da Madeira – entre as ilhas da Madeira, Porto Santo, Desertas e Selvagens.
  3. Os limites referidos nos números anteriores podem ser excedidos nas seguintes condições:
  a) Arribada forçada devidamente justificada;
  b) Autorização, caso a caso, por despacho do IPTM.

ARTIGO 28.º
Embarcações de navegação costeira internacional

1. Embarcações de navegação costeira internacional são as que só podem navegar ao longo das costas, de um modo geral, à vista de terra, praticando também portos estrangeiros.
  2. No continente, as embarcações referidas no número anterior fazem navegação desde o porto de Bordéus, pelo estreito de Gibraltar, até ao porto de Marselha, ambos incluídos, e na costa de África, desde o extremo

sul de Marrocos, incluindo as ilhas Canárias, até ao limite oriental da Tunísia. (Nova redacção dada pela Portª 607/99 de 22NOV)

ARTIGO 29.º
Embarcações de cabotagem

1. Embarcações de cabotagem são as que podem operar no alto mar em zonas cujos limites sejam estabelecidos por disposição legal.

2. As embarcações de cabotagem registadas no continente navegam dentro de uma zona que inclui: (Nova redacção dada pela Portª 607/99 de 22NOV)

a) Portos da costa atlântica da Europa, a sul do paralelo 61.º, incluindo todos os do mar Báltico e ilhas Britânicas;

b) Todos os portos do Mediterrâneo e do mar Negro;

c) Portos da costa africana compreendidos entre o estreito de Gibraltar e o extremo sul da Serra Leoa, incluindo as ilhas da República de Cabo Verde;

d) Todos os portos das Regiões Autónomas dos Açores e da Madeira.

ARTIGO 30.º
Alteração dos limites da navegação costeira e de cabotagem

Os limites referidos nos artigos 27.º, 28.º e 29.º podem ser modificados por portaria do Governo.

ARTIGO 31.º
Estabelecimento dos limites da navegação costeira internacional e de cabotagem

A fixação dos limites em que pode operar a navegação costeira internacional e de cabotagem carece de concordância do Governo.

ARTIGO 32.º
Embarcações de longo curso

Embarcações de longo curso são as que podem navegar sem limite de área.

ARTIGO 33.º
Classificação das embarcações de comércio quanto à natureza do transporte que efectuam

1. As embarcações de comércio nacionais, quanto à natureza do transporte que efectuam, classificam-se em:
a) De passageiros, as destinadas ao transporte de mais de doze passageiros;
b) De carga, as que não são de passageiros.
2. As embarcações de carga dividem-se, ainda, em:
a) De carga geral, as destinadas ao transporte de mercadorias de diversa natureza;
b) Especializadas, as que oferecem a totalidade da sua capacidade de carga para transporte de mercadoria ou mercadorias com características uniformes em relação às necessidades do transporte marítimo.
3. As embarcações de comércio podem ainda receber as seguintes designações acessórias;
a) Paquete – embarcação à qual é concedida carta de patente para transporte de malas de correio, encomendas e outros valores postais;
b) Embarcações de passageiros de convés, de peregrinos ou de emigrantes – as julgadas aptas a tais transportes nos termos da legislação em vigor e das convenções internacionais respectivas.
4. A classificação de embarcações de passageiros, para efeitos da cobrança das imposições portuárias, continuará a fazer-se nos termos dos diplomas especiais aplicáveis, independentemente do disposto no presente diploma.
5. A classificação a que se refere o n.º 2 pode ser alterada por portaria do Governo.

ARTIGOS 34.º a 42.º
(Revogados pelo D.L. n.º 278/87 de 7.7)

ARTIGO 43.º
Classificação de rebocadores e embarcações auxiliares quanto à área em que podem operar
(Cfr. Art.º 3.º do D.L. 329/95 de 09DEZ)

1. Os rebocadores e as embarcações auxiliares, quanto à área em que podem operar, classificam-se em:
a) Locais ou de porto;

b) Costeiros;
c) Do alto.
2. O Governo pode estabelecer outras classes, por meio de portaria.

ARTIGO 44.º
Regulamentos sanitários em vigor

A classificação de embarcações estabelecida pelo presente diploma em nada influi sobre as prescrições e medidas constantes dos regulamentos sanitários em vigor.

CAPÍTULO III
Aquisição, construção ou modificação de embarcações

ARTIGO 45.º
Definição de aquisição, construção ou modificação de embarcações

Para efeitos do presente diploma, considera-se:

a) Aquisição – a integração, por acto entre vivos ou *mortis causa,* no património de uma pessoa singular ou colectiva, de uma embarcação já construída ou em construção;

b) Construção – o fabrico de uma embarcação;

c) Aquisição ou construção de substituição – a aquisição ou construção destinada a substituir uma unidade de igual classificação;

d) Nova aquisição ou nova construção – a aquisição ou construção destinada a efectivamente aumentar o número das unidades de igual classificação que pertencem à frota nacional;

e) Modificação – toda a actividade dirigida a reconstruir uma embarcação ou a alterar as suas características principais.

ARTIGO 46.º
Aquisição, construção ou modificação de embarcações de comércio
(Cfr. D.L. 150/88 de 28ABR c/alterações do D.L. 119/95,
de 30.05 e do D.L. 201/98 de 10JUL)

1. A aquisição e construção de embarcações de comércio são reguladas por diplomas especiais, sem prejuízo dos disposto neste Regulamento.

2. A modificação de embarcações de comércio que importe mudança da sua classificação fica sujeita às disposições legais referidas no número anterior.

ARTIGO 47.º
Aquisição, construção ou modificação de embarcações de pesca

1. *(Revogado pelo D.L. n.º 278/87 de 7.7)*.
2. São factores a considerar na autorização:
a) A economia do espaço português;
b) A economia do ramo da pesca a que a embarcação se destina;
c) A conservação dos recursos naturais que podem ser explorados pelas embarcações;
d) A satisfação dos requisitos técnicos ou legais a que as embarcações devam obedecer.
3. *(Revogado pelo D.L. n.º 278/87, de 7.7)*.
4. *(Revogado pelo D.L. n º 278/87, de 7.7)*.

ARTIGOS 48.º a 50.º
(Revogados pelos D.L. n.ᵒˢ 278/87 de 7.7 e 150/88 de 28.4)

ARTIGO 51.º
Caducidade da autorização para construção ou modificação de embarcações mercantes

1. A autorização para a construção ou modificação de embarcações mercantes caduca:
a) Se, no prazo de seis meses a contar da notificação do despacho de autorização, não for apresentado para registo na competente repartição marítima, acompanhado de cópia para arquivo, o contrato de construção ou modificação, de que constem a data da entrega da embarcação e cláusula penal para a respectiva falta;
b) Se, no prazo de doze meses a contar da data do registo do contrato nos termos da alínea anterior, não se verificar o assentamento da quilha ou fase idêntica da construção ou início da modificação;
c) Se os contraentes, sem prévia autorização da repartição marítima onde o contrato foi registado, acordarem no adiamento da data da entrega da embarcação construída ou modificada;

d) Se, decorridos seis meses sobre a data fixada no contrato, ou resultante de prorrogação autorizada pela repartição marítima onde aquele foi registado, para a entrega da embarcação, esta não se verificar.

2. As repartições marítimas comunicarão ao IPTM e à DGPA as datas fixadas para a entrega das embarcações e aquelas em que se verifiquem os factos referidos no número anterior.

3. A inobservância dos prazos referidos neste artigo e no anterior poderá ser justificada em caso de força maior.

ARTIGOS 52.° e 53.°
(Revogados pelos D.L. n.ᵒˢ 278/87 de 7.7 e 150/88 de 28.4).

ARTIGO 54.°
***(Transmissão de autorizações para aquisição
ou construção de embarcações de pesca)***

É proibida a transmissão, por acto entre vivos, das autorizações para aquisição ou construção de embarcações de pesca desde que façam parte de frotas cujos efectivos estejam limitados.

ARTIGO 55.°
***Dispensa de autorização de construção
ou modificação de embarcações***

Não carece de autorização ministerial a construção ou modificação, em estaleiros nacionais, de embarcações mercantes, desde que o produto das três dimensões de sinal seja igual ou inferior a 100. (Cfr. Art.° 70.° do D/Reg. 43/87 de 17JUL com as alterações do D/Reg. 7/00 de 30MAI)

ARTIGOS 56.° e 57.°
(Revogados pelo D.L. 278/87 de 7.7).

CAPÍTULO IV
Arqueação das embarcações

ARTIGOS 58.º a 71.º
(Revogados pelo D.L. 245/94 de 26.09)

CAPÍTULO V
Registo de embarcações

ARTIGO 72.º
Registo de propriedade e registo comercial
(Cfr. D.L. 150/88 de 28ABR c/alterações do D.L. 119/95,
de 30 MAI e D.L. 201/98 de 10JUL)

1. As embarcações nacionais, com excepção das pertencentes à Armada, estão obrigatoriamente sujeitas a registo de propriedade, abreviadamente designado por registo, para que possam exercer a actividade que determina a sua classificação.
2. Não é permitido o registo para mais que uma das actividades ou das áreas previstas no capítulo II, salvo nos casos seguintes:
a) Os rebocadores costeiros e do alto também podem ser registados como rebocadores locais;
b) Para o aproveitamento polivalente de embarcações de pesca a DGPA pode autorizar por despacho o seu registo para o exercício de mais do que um dos tipos de pesca definidos no citado capítulo.
3. As embarcações mercantes estão também obrigatoriamente sujeitas a registo comercial nos termos da respectiva lei.

ARTIGO 73.º
Repartição competente para o registo

1. O registo das embarcações nacionais é feito nas repartições marítimas, excepto o das embarcações de recreio, que é efectuado nos organismos indicados na legislação em vigor e naqueles que, vierem a ser fixados em portaria do Governo.
2. No caso de novas aquisições ou novas construções, é competente para o registo a repartição marítima indicada na respectiva autorização.

3. No caso de aquisições ou construções de substituição, é competente para o registo a repartição marítima em que estavam registadas as unidades substituídas.

4. Uma embarcação construída ou adquirida num porto de uma parcela do território nacional pode ser vendida ou registada noutro porto da mesma ou de outra parcela do território, desde que para isso possua a respectiva autorização.

ARTIGO 74.º
Porto de registo e porto de armamento

1. Porto de registo é aquele em cuja repartição marítima se encontra registada a propriedade de embarcação.

2. Porto de armamento é aquele em que a embarcação faz normalmente as matrículas da tripulação e se prepara para a actividade em que se emprega.

3. Quando o porto de armamento não coincida com o de registo, a autoridade marítima do primeiro deve comunicar à do segundo que a embarcação utiliza o seu porto como porto de armamento, a fim de que a autoridade marítima do porto de registo informe a do de armamento das condições legais a cumprir.

ARTIGO 75.º
Registos provisórios

1. As embarcações adquiridas ou construídas no estrangeiro são registadas provisoriamente, em termos sumários, no consulado português do local correspondente, depois que aí se apresente a certidão da autorização do IPTM ou DGPA para a aquisição ou construção, quando necessária.

2. O registo definitivo é feito na competente repartição marítima, depois da chegada da embarcação ao porto de registo ou, em casos devidamente justificados, mediante autorização do IPTM ou DGPA, depois de vistoriada noutro porto por comissão de vistoria nomeada por estes organismos e presidida por um representante da capitania do porto de registo; aquela autorização é concedida mediante requerimento fundamentado do interessado, entregue na repartição marítima do porto de registo e aí informado.

3. As embarcações estrangeiras adquiridas por sucessão ou em acção instaurada em tribunais portugueses são registadas na repartição marítima que for superiormente determinada.

4. Depois de apresentada a certidão de autorização acima referida para a aquisição ou construção, quando necessária, as embarcações adquiridas ou construídas, ainda por registar num porto nacional, podem ser registadas provisoriamente no porto onde se encontram, a fim de seguirem viagem, já como embarcações nacionais, para o porto de registo.

ARTIGO 76.º
Embarcações desprovidas de meios de propulsão

As várias embarcações destinadas a serem rebocadas por um mesmo rebocador são registadas individualmente.

ARTIGO 77.º
Embarcações dispensadas de registo

As embarcações miúdas existentes a bordo, mesmo que sejam salva-vidas, as pequenas embarcações auxiliares de pesca e as pequenas embarcações de praia sem motor nem vela, tais como botes, charutos, barcos pneumáticos e gaivotas de pedais, para serem utilizadas até 300 m da linha de baixa-mar, são dispensadas de registo, mas ficam sujeitas à jurisdição da autoridade marítima, a quem compete emitir licenças para a sua exploração.

ARTIGO 78.º
Requisitos e termos do primeiro registo definitivo

1. O primeiro registo definitivo é efectuado por meio de auto lavrado na repartição marítima competente, de que constem essencialmente os seguintes elementos:

a) Número de ordem e data da sua elaboração;

b) Identificação, segundo o título de aquisição, do proprietário ou, sendo caso disso, dos co-proprietários com individualização da respectiva quota-parte;

c) Meio por que a embarcação foi adquirida;

d) Número de registo ou conjunto de identificação e nome, se o tiver, da embarcação, sua classificação nos termos do capítulo II deste diploma, lugar e data da sua construção, sua arqueação e dimensões de sinal, distintivo visual e radiotelegráfico (indicativo de chamada) que, quando necessário, lhe tenha sido oficialmente atribuído, sistema de propulsão e, tratando-se de veleiros, designação do aparelho respectivo;

e) Data da vistoria de registo.

2. O registo definitivo é feito mediante requerimento assinado pelo proprietário da embarcação ou pelo seu representante legal ou voluntário, com indicação do nome, lugar e data da construção e sistema de propulsão ou aparelho da embarcação, actividade a que esta se destina e área onde pretende exercê-la e instruído com:

a) Documento comprovativo de que o requerente tem nacionalidade portuguesa ou é nacional de um dos Estados da União Europeia ou do espaço económico europeu; (Nova redacção dada pelo D.L. 208/2000 de 02SET)

b) Certidão da autorização do IPTM ou DGPA para a construção ou aquisição, nos casos em que for necessária;

c) Original do título de aquisição ou sua certidão, pública-forma ou fotocópia notarial;

d) Documento que comprove o número e data da licença da capitania para a construção;

e) Certificado de arqueação;

f) Documento que comprove o indicativo de chamada referido na alínea *d)* do número anterior;

g) Certidão do termo da vistoria de registo;

h) Certidão do pacto social, devidamente actualizado, e do seu registo comercial, quando for requerente uma sociedade;

i) Documento comprovativo do pagamento dos direitos e outras despesas alfandegárias inerentes à importação, quando se trate de embarcações importadas ou apresadas.

3. A assinatura do requerimento para registo deve ser reconhecida notarialmente, salvo no caso de o requerimento ser apresentado pelo próprio e este ser conhecido do chefe da repartição marítima ou se identificar por meio de bilhete de identidade, o que se certificará no acto da apresentação.

4. A aquisição, por negócio jurídico, de embarcação de valor superior a € 249,40 pode ser registada em face de certidão da respectiva escritura pública; no caso de valor inferior, pode servir de base ao registo documento autenticado nos termos da lei civil comprovativo da aquisição.

5. Os documentos passados em país estrangeiro são admitidos nos termos prescritos na lei civil e, quando necessário, o interessado apresentará a sua tradução feita nos termos prescritos no Código do Notariado.
6. Os documentos que servirem de base ao registo são arquivados na repartição marítima.
7. O processo de registo definitivo das embarcações de recreio não obedece ao disposto no presente artigo, sendo regulado por legislação especial.

ARTIGO 79.º
Registo de embarcações do Estado

O registo de embarcações do Estado fica sujeito ao disposto neste diploma para as embarcações particulares, sendo, porém, o requerimento inicial substituído por ofício, autenticado com o respectivo selo branco, do serviço a que pertence a embarcação, solicitando o registo e contendo as mesmas indicações.

ARTIGO 80.º
Cancelamento de registo

1. O registo de uma embarcação é cancelado pela autoridade marítima sempre que haja reforma, transferência ou abate de registo.
2. Para os efeitos deste diploma, considera-se:
a) Reforma de registo – a substituição do registo de embarcação por outro na mesma repartição marítima;
b) Transferência de registo – o registo da mesma embarcação em repartição marítima diversa da do anterior;
c) Abate de registo – a eliminação do registo da embarcação de toda e qualquer repartição marítima nacional.
3. Constitui simples alteração de registo a sua modificação por meio de averbamento.
4. No caso de embarcação registada em conservatória do registo comercial a autoridade marítima comunicará a essa repartição o cancelamento e as razões que o determinaram, bem como as simples alterações de registo.

ARTIGO 81.º
Reforma e alteração de registo

1. O registo de uma embarcação é reformado sempre que haja:
 a) Transferência de propriedade, no todo ou em parte;
 b) Modificação;
 c) Mudança da classificação atribuída de acordo com o disposto no capítulo II do presente diploma.
2. Há lugar a simples alteração de registo por averbamento:
 a) Quando há apenas mudança de nome;
 b) Quando se trate de embarcações de tráfego local, de pesca local e costeira ou rebocadores e auxiliares locais e se verifique qualquer dos casos a que se referem as alíneas *a)* e *b)* do n.º 1;
 c) No caso de transformação da empresa proprietária.
3. Não obsta à reforma de registo, no caso da alínea *a)* do n.º 1, o facto de ter havido sucessivos proprietários entre o inscrito no registo e o requerente sem essas transferências terem sido registadas, desde que documentalmente se comprove a validade de todas as transmissões.

ARTIGO 81.º-A
(Aditado pelo D.L. 55/89 de 22FEV)

A injustificada inactividade das embarcações de pesca ou a apresentação pelas mesmas de níveis de produtividade injustificadamente não consentâneos com a sua capacidade, bem como o seu deficiente estado de conservação, podem determinar, a requerimento dos proprietários ou por iniciativa da Administração, a reforma do registo de embarcações de pesca para embarcações auxiliares, conforme a regulamentação a aprovar por portaria conjunta dos Ministros da Agricultura, Desenvolvimento Rural e Pescas e das Obras Públicas, Transportes e Habitação. (*)

(*) (Condições da reforma de registo das embarcações de pesca, por mudança de classificação para embarcações auxiliares)

PORTARIA N.º 193/89 de 8.3

1.º Por despacho do Ministro da Agricultura, Desenvolvimento Rural e Pescas ou a requerimento do proprietário da embarcação, poderá ser determinada a reforma do registo das embarcações de pesca, por mudança de classificação para embarcação auxiliar, desde que as mesmas estejam injustificadamente inactivas há mais de três anos, apresentem no mesmo período níveis de produtividade não consentâneos com a sua capacidade, não justificados, ou o seu estado de conservação e operacionalidade determine a sua irrecuperabilidade económica para a pesca.

2.º As condições de reforma de registo referidas no número anterior serão comprovadas por certidões da DGPA, quanto à inactividade ou não apresentação de níveis de produtividade consentâneos com a sua capacidade, e do IPTM, quanto ao estado de conservação, as quais servirão de base à reforma de registo.

3.º À reforma de registo prevista na presente portaria é aplicável subsidiariamente o regime processual previsto nos artigos 81.º e seguintes do Regulamento Geral das Capitanias.

4.º Compete à DGPA promover o despacho referido no n.º 1, sempre que seja do seu conhecimento reunirem as embarcações de pesca as condições de reforma de registo nele referidas, notificando previamente o proprietário da embarcação em causa.

5.º Os proprietários das embarcações objecto de reforma de registo por iniciativa da Administração podem, no prazo de 30 dias a contar da notificação, opor-se à reforma, desde que ilidam os fundamentos invocados na notificação.

6.º Compete ao Ministro da Agricultura, Desenvolvimento Rural e Pescas apreciar e decidir definitivamente sobre as oposições deduzidas.

ARTIGO 82.º
Autorização para reforma de registo

1. Depende de autorização do IPTM ou DGPA, a reforma de registo por mudança de classificação.

2. No caso de sucessão, a reforma de registo tem por base certidão da escritura de partilhas ou do mapa de partilha e da respectiva sentença homologatória, acompanhada de documento, passado pela repartição de finanças competente, comprovativo de que se encontra pago, assegurado ou não é devido, o respectivo imposto sucessório.

ARTIGO 83.º
Termos da reforma de registo

1. O novo registo é feito nos termos do n.º 1 do artigo 78.º, mediante requerimento assinado pelo proprietário da embarcação ou pelo seu representante legal ou voluntário, com indicação do registo anterior, das razões do pedido e dos elementos referidos no n.º 2 do mesmo artigo e instruído com:

a) Documentos a que se referem as alíneas *a)*, *f)* e *g)* do n.º 2 do artigo 78.º;
b) Certidão da autorização do IPTM ou DGPA, quando necessária;
c) Documento comprovativo da transferência de propriedade, havendo-a;
d) Título de propriedade segundo o último registo da embarcação.

2. É aplicável o disposto nos n.ºs 3 a 5 e 7 do artigo 78.º

3. Os documentos que servirem de base ao novo registo são arquivados na repartição marítima juntamente com os referentes ao anterior registo que mantenham validade.

ARTIGO 84.º
Alteração por simples averbamento

1. A alteração por simples averbamento é feita mediante requerimento em que se identifique o registo a alterar e se indiquem as razões do pedido, instruído com documentos comprovativos dos factos que determinam a alteração.

2. São aplicáveis as disposições dos n.ºs 3, 5, 6 e 7 do artigo 78.º

ARTIGO 85.º
Actualização dos documentos da embarcação

Logo que efectuada a reforma ou alteração de registo são apresentados na repartição marítima os documentos da embarcação que necessitem ser substituídos ou simplesmente alterados por averbamento, feito o que são restituídos com o título de propriedade.

ARTIGO 86.º
Transferência de registo

1. A transferência de registo das embarcações de comércio, excepto de tráfego local, carece de autorização do IPTM ou DGPA.

2. A transferência de registo das embarcações de tráfego local e de pesca sujeitas a descarregar em determinado porto ou zona carece de autorização do IPTM ou DGPA.

3. A transferência de registo das embarcações não mencionadas nos números anteriores depende de autorização dos chefes das repartições marítimas interessadas.

4. As autorizações referidas nos n.ᵒˢ 1 e 2 são precedidas de pareceres das repartições marítimas interessadas, quando se trate de embarcações de comércio ou de pesca.

ARTIGO 87.º
(Revogado art.º 5.º da C.R.P.)

ARTIGO 88.º
Termos da transferência de registo

1. O registo de transferência, é feito nos termos do n.º 1 do artigo 78.º, mediante requerimento, apresentado na repartição marítima onde aquele deve ser efectuado, assinado pelo proprietário da embarcação ou pelo seu representante legal ou voluntário, com indicação do registo anterior, das razões do pedido e dos elementos referidos no n.º 2 do mesmo artigo e instruído com:

a) Documentos a que se referem as alíneas *a)*, 1) e *g)* do n.º 2 do artigo 78.º;

b) Certidão da autorização exigida pelo artigo 86.º, se for caso disso;

c) Documento comprovativo da transferência de propriedade, havendo-a;

d) Título de propriedade segundo o registo anterior da embarcação.

2. É aplicável o disposto nos n.ᵒˢ 3 a 7 do artigo 78.º

ARTIGO 89.º
Actualização dos documentos da embarcação
e cancelamento do registo anterior

1. Logo que feito o registo de transferência:

a) São substituídos ou alterados os documentos da embarcação nos termos do artigo 85.º;

b) É comunicado o facto à repartição marítima do registo anterior para cancelamento deste.

2. Depois de actualizados, são apresentados para arquivo na nova repartição marítima, em fotocópia, que será conferida perante os respectivos originais, os documentos da embarcação não sujeitos a renovação periódica, excepto o título de propriedade e o passaporte.

ARTIGO 90.º
Abate de registo

1. O abate de registo de uma embarcação tem lugar por:
a) Demolição;
b) Desmantelamento;
c) Perda por naufrágio;
d) Presunção de perda por falta de notícias há mais de dois anos a contar da saída do porto onde está registada ou das últimas notícias.
e) Perda de nacionalidade nos termos previstos na lei.
2. A inavegabilidade não é só por si causa de abate do registo.
3. As autoridades consulares portuguesas devem comunicar em cinco dias ao IPTM ou à DGPA os casos de condenação por inavegabilidade, de desmantelamento, de naufrágio e destroçamento pelo mar ou venda de qualquer embarcação na área da respectiva jurisdição consular, a qual será transmitida pelo IPTM ou DGPA à repartição marítima do porto de registo.

ARTIGO 91.º
Condições em que se realiza a demolição ou o desmantelamento

1. A demolição de embarcações depende de autorização da autoridade marítima do porto de registo.
2. O desmantelamento de embarcações é ordenado pela autoridade marítima do porto de registo quando sejam julgadas inavegáveis e insusceptíveis de reparação ou constituam perigo ou estorvo à navegação.

ARTIGO 92.º
Pedido para demolição

1. O pedido para demolição de uma embarcação é feito pelo seu proprietário em requerimento dirigido à autoridade marítima do porto nacional ou ao agente consular português do porto estrangeiro em que aquela se encontre e acompanhado dos papéis de bordo que a embarcação deva possuir.

2. A autoridade a quem for dirigido o requerimento mandará vistoriar a embarcação por dois peritos para avaliar das suas condições de navegabilidade e determinar o seu valor.

3. A autoridade marítima ou o agente consular a quem for requerida a demolição tornará pública, por meio de aviso, a petição para demolição, com indicação do valor da embarcação a demolir.

4. Quando o requerimento for feito a uma autoridade marítima que não seja a do porto de registo ou a um agente consular, o processo, depois de dado cumprimento ao disposto no número anterior, será remetido à repartição marítima do porto de registo para aí prosseguir.

ARTIGO 93.º
Citação de credores e interessados

1. A autoridade marítima do porto de registo, logo que recebido o processo ou feita a vistoria referida no artigo anterior faz juntar aos autos certidão dos direitos, ónus ou encargos sobre a embarcação, após o que ordena, em dois dias, a citação dos credores e demais interessados para deduzirem, no prazo de quinze dias a contar da respectiva citação, oposição ao pedido.

2. Os credores inscritos e os interessados certos são citados por carta registada com aviso de recepção; os incertos, por um edital afixado à porta da repartição marítima e dois anúncios publicados em um dos jornais mais lidos na localidade e na sede da repartição marítima ou do consulado onde tenha sido requerida a demolição, estes e aquele com a dilação de trinta dias.

3. As despesas com as citações devem ser previamente asseguradas pelo requerente, sem o que o processo não prosseguirá.

ARTIGO 94.º
Oposição e concurso de credores

1. Sendo deduzida qualquer oposição, a autoridade marítima, ouvido o IPTM, decide, tendo em conta a vistoria a que se refere o n.º 2 do artigo 92.º, se a embarcação deve ou não ser destruída.

2. Julgada improcedente a oposição, ou não a tendo havido, e deferido, depois de ouvido também o IPTM, pela autoridade marítima, o pedido para demolição, é notificado o proprietário da embarcação para, no prazo de quinze dias, depositar o valor da sua avaliação na Caixa Geral de Depósitos, à ordem do tribunal da comarca da sede da repartição marítima, sob pena de, se o não fizer, o processo ser arquivado.

3. Feito o depósito, o processo é remetido ao tribunal referido no número anterior, a fim de, por apenso, aí se processar, nos termos aplicáveis de processo de execução para pagamento de quantia certa, a convocação dos credores, verificação, graduação e pagamento dos seus créditos.

4. Recebido o processo a que se refere o número anterior, a autoridade marítima ordena a demolição no porto onde a embarcação se encontra.

ARTIGO 95.º
Garantia dos credores nos casos de desmantelamento e equiparados
(Nova redacção do D.L. 26/95 de 08FEV)

1. No caso de desmantelamento, é aplicável, com as necessárias adaptações, o disposto nos artigos 92.º, 93.º e 94.º, mas não é feito o depósito a que se refere o n.º 2 do artigo 94.º, não podendo o proprietário, para garantia dos credores, dispor do conjunto desmantelado dentro do prazo de 30 dias a contar do termo do desmantelamento.

2. Para efeitos do disposto no número anterior, é equiparada ao desmantelamento a demolição da embarcação de pesca efectuada no âmbito do Decreto-Lei n.º 189/94, de 5 de Julho, e da Portaria n.º 577/94, de 12 de Julho, por autorização do Ministro da Agricultura, Desenvolvimento Rural e Pescas.

ARTIGO 96.º
Auto de demolição ou de desmantelamento;
abandono à entidade seguradora

1. Da demolição ou desmantelamento da embarcação é lavrado auto pela autoridade marítima ou agente consular do porto onde se efectuar, que o envia à autoridade marítima do porto de registo, para em face dele proceder ao abate do registo da embarcação.

2. O abate deve reportar-se à data em que terminou a demolição ou desmantelamento.

3. Nos casos de abandono à entidade seguradora, as regras a observar pela repartição marítima constarão de portaria do Governo.

ARTIGO 97.º
Dispensa de algumas formalidades

Na demolição ou desmantelamento de embarcações desprovidas de propulsão mecânica e de arqueação bruta igual ou inferior a 10 t, proceder-se-á da forma seguinte:
   a) São dispensadas as formalidades dos artigos 93.º e 94.º;
   b) Não há lugar ao auto a que se refere o artigo anterior, sendo substituído por simples despacho da autoridade marítima ou agente consular.

ARTIGO 98.º
Material flutuante adquirido para desmantelar

1. O material flutuante adquirido no estrangeiro para ser desmantelado e como tal despachado na alfândega não está sujeito a registo como embarcação nem às disposições dos artigos anteriores.

2. O comprador procede imediatamente ao desmantelamento, sob fiscalização da autoridade marítima, mediante licença para ocupar o local onde se realiza a demolição, que será dada pelas autoridades portuárias nas zonas da sua jurisdição.

ARTIGO 99.º
Abate de registo por naufrágio

1. É competente para proceder aos inquéritos necessários ao abate de registo por naufrágio:
   a) Havendo protesto de mar, a autoridade marítima ou consular que o receba;
   b) Não havendo protesto de mar:
      1) Havendo sobreviventes, a autoridade marítima ou agente consular do local onde desembarquem os náufragos;

2) Não havendo sobreviventes, a autoridade marítima do porto de registo.

2. O inquérito, a que se procede logo que haja notícia do naufrágio, tem por fim averiguar as causas do sinistro e a identidade dos náufragos, com distinção dos sobreviventes, dos falecidos ou desaparecidos, para o que deve recorrer-se aos meios de prova admitidos por lei, designadamente declarações dos agentes consulares, dos sobreviventes ou dos proprietários e seguradores da embarcação, rol e livros de registo de matrícula da tripulação, anotações de embarque e desembarque dos tripulantes e duplicados da lista de passageiros, sendo o resultado das averiguações reduzido a auto, que servirá de base ao abate de registo.

3. Logo que exarar o auto referido no número anterior, a respectiva autoridade:

a) Remete o original à autoridade marítima do porto de registo, ficando com uma cópia, ou retém o original no caso de ser esta mesma autoridade, e envia outra cópia ao IPTM ou DGPA;

b) Remete certidão, ou fotocópia devidamente autenticada, ao Procurador do Ministério Público da comarca a cuja área pertencer a praça de matrícula da embarcação para o efeito de promover, nos termos do Código do Registo Civil, justificação judicial do óbito dos náufragos cujos cadáveres não foram encontrados ou não foi possível individualizar.

4. A autoridade marítima do porto de registo, em face do original do auto referido no n.º 2, promove o abate de registo, reportando-o à data do naufrágio.

ARTIGO 100.º
Abate de registo por falta de notícias

1. A autoridade marítima do porto de registo de uma embarcação da qual durante dois anos não houver notícias deve, oficiosamente ou a requerimento do proprietário, abrir inquérito, para averiguar do seu destino, tomando declarações àquele, aos seguradores, credores conhecidos e demais pessoas ou autoridades que possam informar com utilidade.

2. Continuando desconhecido o destino da embarcação, é afixado à porta da repartição marítima um edital, com a dilação de trinta dias, convocando os interessados incertos para, no prazo de quinze dias, trazerem ao processo elementos de prova úteis de que porventura disponham.

3. Expirado o prazo fixado sem que alguém tenha vindo ao processo, ou resultando infrutíferas as novas diligências feitas, é lavrado auto confir-

mativo do desaparecimento da embarcação, com base no qual se ordena o abate de registo, reportado à data do encerramento do auto.

ARTIGO 101.º
Anulação do abate

Se, no caso do artigo anterior, a embarcação reaparecer, a autoridade marítima do porto de registo verifica o facto em auto, após o que declara sem efeito o abate, fazendo no registo o necessário averbamento.

ARTIGO 102.º
Abate de registo por perda da nacionalidade

A autoridade marítima ou agente consular do porto em que uma embarcação nacional mudar de bandeira, nos termos legais, levanta auto da perda da nacionalidade e envia-o à autoridade marítima do porto de registo, que em face dele promove o abate de registo, reportando-o à data em que se deu a perda de nacionalidade.

ARTIGO 103.º
Prazo para a actualização dos registos

1. Qualquer das providências referidas neste capítulo para actualização dos registos deve ser requerida nos trinta dias imediatos à verificação do facto que a determinar.
2. O incumprimento do disposto no número anterior é punível nos termos da legislação em vigor e determina a realização oficiosa, pela autoridade marítima do porto de registo, da providência adequada, a expensas do proprietário.
3. É título executivo, a remeter ao Procurador do Ministério Público da comarca do porto de registo, a certidão passada pelo chefe da repartição marítima comprovativa das despesas efectuadas e da identidade responsável.

ARTIGO 104.º
Comunicação dos registos

As repartições marítimas devem comunicar em cinco dias os registos de todas as embarcações de propulsão mecânica e embarcações sem propulsão com arqueação bruta igual ou superior a 10 t e as alterações que lhes sejam feitas às seguintes entidades:
a) IPTM;
b) DGPA, no caso de embarcações de pesca;
c) IH, quando a embarcação disponha de aparelhagem ou equipamentos cuja fiscalização seja da competência deste organismo.

CAPÍTULO VI
Identificação das embarcações

ARTIGO 105.º
Identificação das embarcações

1. As embarcações registadas, com excepção das de recreio, são identificadas pela forma seguinte:
a) Embarcações de tráfego local, de pesca, rebocadores, auxiliares ou de propriedade do Estado:
    1) Conjunto de identificação;
    2) Nome;
b) Restantes embarcações:
    1) Número de registo;
    2) Nome;
2. As embarcações auxiliares de pesca que não tenham registo próprio, as redes e aparelhos de pesca são marcados da mesma forma que as embarcações a que pertençam, sem prejuízo de outras marcas que os proprietários entendam dever fazer nas redes e aparelhos.

ARTIGO 106.º
Conjunto de identificação

1. O conjunto de identificação compõe-se de:

a) Letra ou letras designativas do porto de registo, nos termos do quadro n.º 2 anexo a este diploma;
b) Número de registo;
c) Letra ou letras indicativas da área em que a embarcação pode operar, no caso de embarcações particulares, ou de que a embarcação é propriedade do Estado.

2. O quadro referido no número anterior pode ser alterado por portaria do Governo.

ARTIGO 107.º
Número de registo

1. O número de registo é o que for atribuído pela autoridade marítima no auto de registo.

2. A atribuição dos números de registo às embarcações de comércio, com excepção das de tráfego local, obedece às seguintes normas:
a) A cada capitania será dada, para esse efeito, uma série de números inteiros consecutivos;
b) Dentro de cada série, os números são atribuídos pela ordem natural;
c) Quando uma série esteja terminada, será renovada, antepondo-se a cada número a letra A, depois a letra B quando a numeração de novo estiver esgotada e assim sucessivamente, seguindo-se a ordem do alfabeto;
d) Em todos os casos de cancelamento de um registo o número do registo cancelado não voltará a ser utilizado, na própria embarcação ou noutra.

3. As séries a que se refere a alínea *a)* do número anterior são atribuídas às capitanias dos portos por portaria do Governo.

4. A atribuição dos números de registo às embarcações de tráfego local, de pesca, rebocadores, auxiliares ou propriedade do Estado é feita pela forma seguinte:
a) Os números de registo, em cada repartição marítima e para cada um dos cinco tipos de embarcações acima referidos, são os da série natural dos números inteiros a começar em 1;
b) Em todos os casos de cancelamento de um registo, o respectivo número não voltará a ser usado em qualquer embarcação do mesmo tipo, salvo quando o cancelamento seja devido a reforma e a embarcação mantenha a mesma classificação.

ARTIGO 108.º
**Letra ou letras indicativas da área de actividade
ou da entidade proprietária**

1. A letra ou letras indicativas da área em que a embarcação pode operar, para embarcações particulares, ou de que a embarcação é propriedade do Estado, são as seguintes:
a) Tráfego local – TL;
b) Pesca:
   1) Local – L;
   2) Costeira – C;
   3) Do largo – N; (Alterado pelo D.L. 162/88 de 14MAI)
c) Rebocadores:
   1) Locais – RL;
   2) Costeiros – RC;
   3) Do alto – RA;
d) Auxiliares:
   1) Locais – AL;
   2) Costeiras – AC;
   3) Do alto – AA;
d) Estado – EST.

2. As embarcações utilizadas na pesca de cetáceos usam a letra B em vez da letra indicativa da área em que podem operar.

3. À excepção das embarcações do Estado, qualquer embarcação de alta velocidade deve usar adicionalmente as iniciais indicativas EAV. (Cfr. D.L. 249/90 de 01AGO)

ARTIGO 109.º
Nome das embarcações

1. Os nomes das embarcações são aprovados por:
a) IPTM, para as embarcações de cabotagem e longo curso;
b) Autoridade marítima do porto de registo, para as embarcações de tráfego local ou de pesca local e rebocadores ou embarcações auxiliares de porto, de menos de 10 t de arqueação bruta;
c) IPTM, para as restantes embarcações.

2. Na aprovação dos nomes deve atender-se ao seguinte:
a) Evitar não só a sua repetição, como também designações irreverentes, ridículas ou , ridicularizantes;

b) Não permitir os que apenas se distingam de outros existentes por acrescentamento de um número ordinal ou cardinal, escrito ou não por extenso;

c) Preferir nomes constituídos por uma só palavra;

d) Não autorizar nomes estrangeiros.

3. Relativamente ao disposto na alínea *d)* do número anterior podem ser autorizados:

a) Nomes em língua latina;

b) Nomes de corpos celestes noutras línguas, desde que escritos segundo a ortografia portuguesa;

c) Nomes em línguas usadas no território nacional, que não a portuguesa, desde que seja utilizada a ortografia portuguesa.

d) Nomes próprios e apelidos de origem estrangeira que sejam usados por cidadãos portugueses.

4. Os nomes das embarcações não podem ser alterados senão depois de decorridos cinco anos, a não ser que haja reforma ou transferência de registo da embarcação.

ARTIGO 110.º
Inscrições a marcar nas embarcações

1. Todas as embarcações, antes do seu registo nas repartições marítimas, devem ter marcadas as inscrições fixadas neste diploma.

2. As inscrições a marcar nas embarcações, nas condições dos artigos seguintes, são:

a) Número de registo ou conjunto de identificação;

b) Nome;

c) Porto de registo;

d) Escalas de calados;

e) Marca de bordo livre e linhas de carga;

f) Arqueação bruta e líquida.

3. A marca do bordo livre e linhas de carga é usada e marcada de acordo com as disposições das convenções internacionais e legislação nacional em vigor.

4. Além das inscrições referidas no número anterior, as autoridades marítimas podem permitir a inscrição de siglas que julguem conveniente manter, para respeitar qualquer tradição regional, desde que não prejudiquem a identificação da embarcação.

ARTIGO 111.º
Marcação das inscrições(*)

1. As inscrições a marcar nas embarcações obedecem às seguintes normas:

a) Devem ser mantidas de forma permanente e bem legíveis;

b) Devem ser pintadas com cores que contrastem com o fundo onde sejam escritas;

c) As letras e números devem ter uma altura não inferior a um decímetro e uma largura proporcionada.

2. As escalas de calados, além das normas referidas no número anterior, devem obedecer mais às seguintes:

a) São sempre marcadas a estibordo e a bombordo, na roda de proa e no cadaste do leme, graduadas em decímetros, fazendo-se a marcação com números árabes pares de altura igual a um decímetro;

b) Os números são marcados a punção, no caso de embarcações de aço, e são entalhados, nas embarcações de madeira;

c) A parte inferior de cada número corresponde à imersão que ele indica;

d) O zero da escala deve corresponder à parte inferior da quilha, suposta prolongada por uma linha recta;

e) Quando for impossível ou muito difícil a marcação na roda de proa ou no cadaste do leme, o IPTM pode autorizar que ela seja feita no costado, o mais próximo possível daquelas posições normais; adicionalmente, em embarcações de grande comprimento, pode ser exigida a marcação de uma escala a meia-nau;

f) Quando as escalas atinjam superfícies curvas, deve a sua marcação efectuar-se pelo transporte da graduação correspondente feita numa régua vertical.

(*) Inscrições para embarcações de pesca
Reg. (CEE) n.º 1381/87 da Comissão de 20MAI e D.L. 199/98 de 10JUL

ARTIGO 112.º
Inscrições a usar pelas embarcações de tráfego local que não sejam de passageiros e rebocadores e embarcações auxiliares do porto

1. As embarcações de tráfego local que não sejam de passageiros e os rebocadores e embarcações auxiliares de porto usam as seguintes inscrições:

a) Conjunto de identificação;
b) Nome.

2. O conjunto de identificação é inscrito nas amuras, de ambos os bordos, junto à borda, e o nome é inscrito, nas mesmas condições do conjunto de identificação, por baixo deste.

ARTIGO 113.º
Inscrições a usar pelas embarcações de navegação costeira rebocadores e embarcações auxiliares costeiros de arqueação bruta igual ou inferior a 20 t.

1. As embarcações de navegação costeira e os rebocadores e embarcações auxiliares costeiros de arqueação bruta igual ou inferior a 20 t usam as seguintes inscrições:

a) Número de registo, para as de navegação costeira, ou conjunto de identificação, para as restantes;
b) Nome;
c) Porto de registo.

2. O número de registo, ou o conjunto de identificação, é inscrito nas amuras, de ambos os bordos, junto à borda.

3. O nome é inscrito:

a) Nas mesmas condições do número de registo ou conjunto de identificação e por baixo deste;
b) À popa.

4. O porto de registo é inscrito à popa, por baixo do nome.

ARTIGO 114.º
Inscrições a usar pelas embarcações de pesca local e costeira(*)

1. As embarcações de pesca local e costeira usam as seguintes inscrições:

a) Conjunto de identificação;
b) Nome;
c) Porto de registo;
d) Escalas de calados.

2. O conjunto de identificação, nome e porto de registo são inscritos nas mesma condições dos n.ᵒˢ 2, 3 e 4 do artigo anterior e as escalas de calados conforme determina o artigo 111.º

3. As embarcações de pesca local e costeira de arqueação bruta igua-lou inferior a 20 t têm apenas as inscrições das alíneas *a)* e *b)* do n.º 1.

4. As embarcações utilizadas na apanha de plantas marinhas com equipamentos de mergulho autónomo e semi-autónomo são pintadas nas obras mortas de cor amarela e têm no costado, a um e outro bordo, as palavras «apanha submarina de algas».

(*) Inscrições para embarcações de pesca
Reg. (CEE) n.º 1381/87 da Comissão de 20MAI, D.L. 199/98 de 10JUL

ARTIGO 115.º
Inscrições a usar pelas restantes embarcações

1. As embarcações de passageiros de tráfego local, de navegação costeira de arqueação bruta superior a 20 t, de cabotagem e longo curso, de pesca do largo e os rebocadores e embarcações auxiliares costeiros de arqueação bruta superior a 20 t e os do alto usam as seguintes inscrições:
(Nova redacção dada pelo D.L. 162/88 de 14 MAI)

a) Número de registo, para as embarcações de navegação costeira, cabotagem e longo curso, ou conjunto de identificação, para as restantes;

b) As restantes inscrições referidas no n.º 2 do artigo 110.º

2. O número de registo ou o conjunto de identificação são inscritos no interior da embarcação, em local apropriado, excepto nas embarcações de passageiros de tráfego local e de pesca do largo, em que são inscritos nas amuras, de ambos os bordos, junto à borda. (Nova redacção dada pelo D.L. 162/88 de 14 MAI)

3. O nome é inscrito:
a) No costado, à proa, junto à borda e de cada lado;
b) À popa.

4. O porto de registo é inscrito à popa por baixo do nome.

5. A arqueação bruta e líquida é inscrita no vau mestre ou noutro local apropriado designado pelo perito arqueador e indicado no certificado de arqueação.

6. As dificuldades que possam surgir na marcação das inscrições nos termos deste artigo são resolvidas, caso por caso, pelo IPTM.

ARTIGO 116.º
Embarcações de vela

As embarcações de tráfego local e auxiliares locais e as de navegação costeira, de pesca ou auxiliares costeiras, de arqueação bruta igual ou inferior a 20 t, quando sejam de vela, devem ter marcado nas velas o número de registo ou o conjunto de identificação, conforme os casos.

ARTIGO 117.º
Penalidades pelo não cumprimento das disposições relativas às inscrições a fazer nas embarcações

1. O comandante, mestre, arrais ou patrão que não mantenha as inscrições feitas na embarcação nas condições legalmente determinadas incorre nas multas previstas para as infracções às disposições sobre segurança da navegação, sendo a embarcação apreendida até serem corrigidas as insuficiências ou irregularidades.

2. Não são abrangidas pelo disposto nos números anteriores as pessoas que alterem as marcas de uma embarcação:

a) Para escapar ao inimigo ou por outros motivos de força maior, devidamente comprovados perante a autoridade marítima;

b) Em consequência de trabalhos na estrutura da embarcação que obriguem, de facto, a essas modificações, enquanto durarem esses trabalhos.

ARTIGO 118.º
Embarcações que podem ser isentas de marcar as inscrições

1. As embarcações de pilotos e as de propriedade do Estado que não se destinem ao transporte de carga ou passageiros nem necessitem de passaporte e ainda todas as embarcações isentas de registo estão dispensadas das prescrições dos artigos 112.º a 116.º

2. O IPTM poderá autorizar a dispensa de algumas das prescrições dos artigos 112.º a 116.º

CAPÍTULO VII
Bandeira e papéis de bordo

ARTIGO 119.º
Meios de prova da nacionalidade das embarcações

1. Os meios de prova tanto da nacionalidade das embarcações, não pertencentes à Armada, e da carga como do destino e regularidade da viagem, quer em águas nacionais ou estrangeiras, quer no alto mar, são:
a) A bandeira;
b) Os papéis de bordo;
2. A nacionalidade da embarcação não implica a da carga, quando esta não seja devidamente provada.
3. São indispensáveis para prova da nacionalidade das embarcações, podendo na sua falta resultar ser a embarcação considerada boa presa:
a) Título de propriedade;
b) Passaporte de embarcação, quando exigido pelo direito internacional;
c) Rol de tripulação.
4. As embarcações de recreio ficam sujeitas ao disposto neste capítulo, sem prejuízo do que constar da respectiva legislação.

ARTIGO 120.º
Uso da bandeira da nacionalidade
e de outras bandeiras e distintivos

1. Sem prejuízo do preceituado no CPDMM, as embarcações têm direito ao uso da bandeira como indicação da sua nacionalidade, nas seguintes condições:
a) Da bandeira portuguesa, se estiverem registados numa repartição marítima ou, sendo de recreio, nos termos estabelecidos em diploma especial;
b) Da bandeira de Estado membro da União Europeia ou do espaço económico europeu ou de país terceiro, na medida em que tal direito lhes seja conferido pela ordem jurídica desse país, nomeadamente em virtude de registo, e desde que possuam documentação que o comprove, a qual devem apresentar às autoridades marítimas nacionais sempre que estas o exigirem. (Nova redacção dada pelo D.L. 208/2000 de 02SET)

2. Relativamente ao uso de bandeira indicativa da nacionalidade pelas embarcações deve ter-se em atenção o seguinte:

a) As embarcações de tráfego e pesca locais e rebocadores e embarcações auxiliares locais não podem usar bandeira que não seja a portuguesa;

b) Aos estrangeiros residentes no país é permitido possuir embarcações de recreio fazendo uso da bandeira da respectiva nacionalidade, desde que possuam documentos comprovativos de que estão legalmente registadas em país estrangeiro ou em clubes náuticos, legalmente autorizados, dos respectivos países, ficando os proprietários sujeitos à legislação aplicável às embarcações nacionais do mesmo tipo.

3. Sempre que demandem um porto nacional, e nele entrem ou saiam:

a) As embarcações mercantes nacionais, com excepção das de tráfego local, da pesca local ou costeira e dos rebocadores e embarcações auxiliares locais ou costeiros, devem içar, obrigatoriamente, a bandeira portuguesa e o distintivo da empresa armadora e também, quando avisadas de estarem à vista de uma estação de controle de navegação, o seu distintivo do CIS;

b) As embarcações estrangeiras devem içar, obrigatoriamente, a bandeira da sua nacionalidade, para o que serão avisadas pelos pilotos do porto.

4. Logo que entrem em águas jurisdicionais portuguesas e enquanto nelas permanecerem, especialmente nos portos, as embarcações nacionais e estrangeiras apenas podem ter içados:

a) A bandeira da sua nacionalidade;

b) As bandeiras e outros sinais previstos no CIS e no RIEAM;

c) O distintivo da empresa armadora;

d) A bandeira portuguesa, quando se trate de embarcações estrangeiras.

5. As embarcações miúdas pertencentes a outras embarcações podem usar nos portos, à popa, a bandeira da nacionalidade da embarcação principal.

6. Os distintivos das empresas armadoras nacionais são aprovados e registados no IPTM.

7. A flâmula nacional é distintivo privativo das embarcações do Estado ou em serviço do Estado, comandadas por oficiais da Armada; o jaque nacional é distintivo privativo dos navios da Armada.

8. As transgressões ao disposto neste artigo serão punidas de acordo com o estabelecido na alínea m) do n.° 3 do art.° 4.° do D.L. 45/02, de 02MAR.

ARTIGO 121.º
Papéis de bordo

1. São papéis de bordo os seguintes documentos:
a) Título de propriedade;
b) Passaporte de embarcação;
c) Rol de tripulação;
d) Certificado de navegabilidade ou Certificado de Conformidade;
e) Certificados de segurança da Convenção Internacional para a Salvaguarda da Vida Humana no Mar;
f) Certificado internacional das linhas de carga ou certificado das linhas de água carregada;
g) Impresso para informação das condições em que foi feito o carregamento;
h) (Revogado pelo D.L. n.º 191/98 de 10.7).
i) Certificados e outros documentos do RSRE;
j) Certificados e outros documentos do RIM;
l) Certificado de prova dos aparelhos de carga e descarga;
m) Certificado de compensação de agulhas;
n) Diário de navegação;
o) Diário das máquinas;
p) Certificado de arqueação;
q) Lista de passageiros;
r) Certificado de lotação de passageiros;
s) Livro de registo de óleos;
t) Despacho de largada da autoridade marítima;
u) Alvará de saída;
v) Desembaraço da autoridade sanitária;
x) Outros documentos exigidos por lei, nomeadamente:
　1) Conhecimentos e fretamentos;
　2) Manifesto de carga.
2. As embarcações de pesca necessitam ainda de:
a) Licença de pesca;
b) Certificado de características das redes, quando aplicável.
3. Todas as embarcações devem ter a bordo exemplares dos seguintes diplomas legais:
a) CC e RRC;
b) CPDMM ;
c) RIM;

d) CIS, da edição, em vigor;
e) RGC.

4. Não carecem de possuir os diplomas referidos no número anterior as embarcações seguintes:

a) De tráfego e pesca locais e de navegação costeira nacional de arqueação bruta inferior a 20 t, todos eles;
b) De pesca costeira, todos, com excepção do CIS para as de arrasto;
c) Rebocadores e embarcações auxiliares locais e costeiras, todos, com excepção do CIS.

5. As embarcações de propriedade do Estado, com excepção das pertencentes à Armada e, sem prejuízo do estabelecido no n.º 7 deste artigo e no RIM, têm os mesmos papéis de bordo e diplomas legais que as embarcações particulares de igual classificação.

6. São dispensados os papéis de bordo relativos a passageiros e carga quando esta e aqueles não tenham sido embarcados.

7. O Governo, por portaria, pode:

a) Estabelecer a obrigatoriedade da existência a bordo de outros documentos ou eliminar algum ou alguns dos indicados neste capítulo para todas as embarcações ou para determinados tipos, desde que não sejam exigidos por acordos internacionais a que Portugal tenha aderido ou por legislação própria;
b) Isentar as embarcações do Estado de possuírem algum ou alguns dos documentos referidos no n.º 5.

ARTIGO 122.º
Título de propriedade

1. O título de propriedade é o certificado do registo de propriedade da embarcação.

2. O título de propriedade é emitido nos seguintes casos:
a) Primeiro registo definitivo;
b) Reforma de registo;
c) Transferência de registo.

3. Nos casos de alterações de registo por simples averbamento são também averbadas essas alterações ao título de propriedade.

4. Do título de propriedade devem constar os seguintes elementos:
a) Nome do proprietário ou proprietários;
b) Número de registo ou conjunto de identificação;

c) Nome da embarcação;

d) Classificação da embarcação; Arqueação e dimensões de sinal;

f) Distintivo visual e radiotelegráfico (indicativo de chamada), se a embarcação o tiver;

g) Sistema de propulsão, devidamente identificado, e, tratando-se de veleiros, designação do aparelho respectivo.

5. O modelo do título de propriedade será fixado por portaria do Governo.

6. No caso de extravio ou inutilização do título de propriedade, deve ser passada, com ressalva, segunda via, a requerimento do proprietário, o qual deve assinar termo de responsabilidade na repartição marítima do porto de registo.

7. Só podem extrair-se certidões, públicas-formas ou fotocópias do título de propriedade para fins admitidos por lei, devendo nelas consignar-se que só são válidas para os fins a que se destinam.

ARTIGO 123.º
Passaporte de embarcação

1. O passaporte de embarcação é o documento passado pelo IPTM e assinado pelo respectivo presidente, que certifica a nacionalidade portuguesa de uma embarcação que se destine a viagens internacionais.

2. O modelo de passaporte e as necessárias disposições relativas à sua emissão, nomeadamente as importâncias a cobrar, são fixadas em portaria do Governo.

3. São dispensadas de passaporte, excepto se eventualmente forem autorizadas a fazer viagens a portos estrangeiros, as embarcações seguintes:

a) De tráfego local;

b) De navegação costeira nacional;

c) De pesca local;

d) De pesca costeira, excepto de arrasto costeira;

e) Rebocadores e embarcações auxiliares locais;

f) Rebocadores e embarcações auxiliares costeiros.

ARTIGO 124.º
Concessão de passaporte

1. O proprietário de uma embarcação, depois de recebido título de propriedade e satisfeito o disposto no n.º 3 do artigo 72.º, deve apresentar o referido título no IPTM, se a embarcação necessitar de passaporte, a fim de este lhe ser concedido.

2. O passaporte das embarcações do Estado, uma vez obtido o título de propriedade, é requerido pelo serviço interessado no IPTM, quando seja necessário em razão da área onde a embarcação vai exercer a sua actividade.

ARTIGO 125.º
Reforma de passaporte

O passaporte é reformado quando:
a) Se inutilize ou se torne ilegível;
b) Seja feito novo registo;
c) Seja alterada a arqueação em termos de obrigar a imposto de selo mais elevado;
d) Haja mudança de nome da embarcação;
e) Não possa conter mais anotações.

ARTIGO 126.º
Passaporte provisório

1. Carece de passaporte provisório, válido apenas para a viagem do porto de aquisição ou construção para o de venda ou de registo, excepto se ela se realizar dentro das áreas de navegação costeira nacional, a embarcação que não tendo passaporte nacional, for:
a) Adquirida ou construída no estrangeiro;
b) Adquirida ou construída para ser vendida ou registada noutro porto nacional.

2. O passaporte provisório é passado pela:
a) Autoridade consular portuguesa, no caso da alínea a) do n.º 1;
b) Capitania do porto onde a embarcação foi construída ou adquirida, no caso da alínea b) do n.º 1.

3. É condição indispensável para se emitir o passaporte provisório que a embarcação tenha sido identificada e arqueada segundo a legislação em vigor e vistoriada para se apurar que está em condições de empreender a viagem.

ARTIGO 127.º
Rol de tripulação
(Cfr. D.L. 280/01, de 23OUT – Anexo V)

1. O rol de tripulação de uma embarcação é a relação nominal oficial de todos os indivíduos que constituem a sua tripulação.

2. O rol de tripulação é elaborado e assinado pela companhia ou, em sua representação, pelo comandante ou pelo mestre ou arrais da embarcação.

3. São dispensadas do rol de tripulação:

a) As embarcações pertencentes à Marinha e das integradas em serviços do Estado utilizadas em actividades de policiamento ou de fiscalização;

ARTIGO 128.º
Certificado de navegabilidade(*)

1. O certificado de navegabilidade é o documento passado de acordo com as disposições da legislação nacional sobre segurança da navegação e sua fiscalização que prova terem as embarcações as condições necessárias para navegar.

2. O certificado de navegabilidade é dispensado para as embarcações de comércio abaixo indicadas, desde que providas dos certificados de segurança passados nos termos da CISVHM: (Nova redacção dada pelo D.L. 284/88 de 12AGO)

a) Embarcações de passageiros;

b) Embarcações de carga com uma arqueação bruta igual ou superior a 500 t.

3. Do certificado de navegabilidade das embarcações de tráfego local e rebocadores e embarcações auxiliares locais ou costeiros deve constar a lotação de tripulantes e, quando *for* caso disso, a lotação de passageiros.

4. São dispensadas do certificado referido no n.º 1 as embarcações de:

a) Pesca local;

b) Pesca costeira, desprovidas de propulsão mecânica.

(*) Certificado de Conformidade – D.L. 248/00 de 03.10

ARTIGO 129.º
Certificados de navegabilidade provisórios e especiais

1. Sem prejuízo das disposições impostas por convenções internacionais em vigor, as autoridades consulares portuguesas podem, depois de se verificar, mediante vistoria, que satisfazem às condições indispensáveis para a viagem, passar certificados de navegabilidade provisórios às embarcações:
a) Adquiridas ou construídas no estrangeiro, para a sua viagem até ao porto onde façam o seu registo; .
b) Que se encontrem no estrangeiro e estejam impossibilitadas de renovar o seu certificado de navegabilidade dentro do prazo de validade indicado.
2. Aos certificados referidos no número anterior deve ser apensa a certidão do termo de vistoria, e os que forem passados para os efeitos da alínea b) não poderão ter validade superior a noventa dias a contar da data da vistoria.
3. Sem prejuízo das disposições impostas por convenções internacionais em vigor, os capitães de portos ou as autoridades consulares portuguesas, conforme os casos, podem conceder certificados de navegabilidade especiais às embarcações para uma determinada viagem, depois de vistoria que prove estar a embarcação em condições de realizar a viagem.
4. As embarcações de tráfego local que não sejam de passageiros e de pesca local que tenham de ir reparar a um porto diferente do de registo devem munir-se de certificado de navegabilidade especial.
5. Os certificados de navegabilidade definitivos, provisórios e especiais, são de modelo aprovado por portaria do Governo.

ARTIGO 130.º
Certificados de segurança da CISVHM

1. Os certificados de segurança da CISVHM são:
a) De navio de passageiros;
b) De construção de navio de carga;
c) De equipamento de navio de carga;
d) Radioeléctrica para navio de carga;
e) Para navio de carga;
f) De isenção, incluindo, quando necessário, a lista das cargas.

2. Os certificados referidos no número anterior são passados, nos termos e nas condições previstas na referida Convenção, às embarcações abrangidas pelas disposições da mesma Convenção e da respectiva lei que a integrou em direito interno.

3. São dispensadas dos certificados referidos neste artigo as embarcações:

a) De tráfego local;
b) De pesca;
c) Desprovidas de propulsão mecânica;
d) De carga de menos de 500 t de arqueação bruta;
e) De recreio;
f) De madeira, de construção primitiva;
g) Rebocadores e embarcações auxiliares locais e costeiros.

ARTIGO 131.º
Certificados internacionais das linhas de carga e de isenção do bordo livre

1. O certificado internacional das linhas de carga é o documento passado às embarcações que tenham sido vistoriadas e marcadas nos termos das convenções internacionais sobre a matéria.

2. Às embarcações sujeitas às convenções internacionais referidas no número anterior a que, ao abrigo das mesmas convenções, seja concedida determinada isenção será passado um certificado internacional de isenção do bordo livre.

3. São dispensadas dos certificados referidos neste artigo as embarcações seguintes:

a) Embarcações novas de comprimento inferior a 24 m;
b) Embarcações existentes com arqueação bruta inferior a 150 t;
c) Embarcações de pesca;
d) Embarcações de recreio;
e) Outras embarcações isentas pelo IPTM.

ARTIGO 132.º
Certificado das linhas de água carregada

1. O certificado das linhas de água carregada é o documento passado às embarcações que tenham sido vistoriadas e marcadas nos termos das disposições legais sobre linhas de carga nacionais.

2. São dispensadas do certificado referido no número anterior as embarcações seguintes:

a) Sujeitas aos certificados internacionais referidos no artigo anterior;

b) De carga pertencentes ao tráfego local ou à navegação costeira nacional, de tonelagem bruta não superior a 50 t;

c) De pesca local ou costeira;

d) Rebocadores e embarcações auxiliares, desde que não sejam empregados no transporte de carga;

e) De recreio;

f) De pilotos;

g) Outras embarcações isentas por portaria do Governo.

ARTIGO 133.º
Impresso para informação das condições em que foi feito o carregamento

1. O impresso para informação das condições em que foi feito o carregamento é um documento das embarcações de comércio contendo as indicações relativas ao carregamento prescritas em diploma próprio.

2. São dispensadas do impresso referido no número anterior as embarcações de tráfego local e de navegação costeira nacional.

3. Ao impresso referido neste artigo aplicam-se as disposições constantes da legislação sobre linhas de carga nacionais.

ARTIGOS 134.º e 135.º
(Revogados pelos D.L. n.ºs 190/98 de 10.7 e 191/98 de 10.7)

ARTIGO 136.º
Certificados e outros documentos do RIM
(Cfr. D.L. 280/01 de 23 OUT)

1. Os certificados e outros documentos que, pelo RIM, devem existir a bordo são, além do rol de tripulação:

a) Cédulas marítimas do pessoal da tripulação;

b) Relação apensa ao rol de tripulação de indivíduos não marítimos
(Cfr. D.L. 280/01 de 23 OUT – Anexo V , art.º 6.º);

c) *(Revogado pelo D.L. 325/93 de 09OUT).*
2. Os certificados e outros documentos referidos neste artigo estão sujeitos às disposições do Regulamento referido no número anterior.
3. *(Revogado pelo D.L. 280/01 de 23OUT – Anexo VI)*

ARTIGO 137.º
Certificado de prova dos aparelhos de carga e descarga

1. O certificado de prova dos aparelhos de carga e descarga é o documento passado às embarcações que tenham sido consideradas por vistoria nas condições exigidas pela legislação em vigor.
2. São dispensadas do certificado referido no número anterior as embarcações seguintes:
   a) De tráfego local;
   b) De pesca, com excepção das de pesca do largo;
   c) Rebocadores e embarcações auxiliares locais e costeiros
   d) Quaisquer outras embarcações que não possuam aparelhos da carga e descarga.

ARTIGO 138.º
Certificado de compensação de agulhas

O certificado de compensação de agulhas é o documento passado, nos termos do Regulamento do serviço de cartas, publicações e instrumentos náuticos de que devem ser munidas as embarcações mercantes, de pesca e de recreio, às embarcações cujas agulhas magnéticas tenham sido vistoriadas e compensadas de acordo com o mesmo Regulamento.

ARTIGO 139.º
Diário da navegação

1. O diário da navegação é o livro de bordo onde se registam obrigatoriamente todos os elementos e factos respeitantes à navegação da embarcação, bem como outros elementos, factos e ocorrências que, pela sua importância ou por determinação legal, nele devam ser registados.
2. Não carecem de diário da navegação as embarcações seguintes:

a) De tráfego local;
b) De navegação costeira nacional, quando tenham arqueação bruta inferior a 20t;
c) De pesca local e costeira;
e) Rebocadores e embarcações auxiliares locais e costeiros, quando a sua actividade estiver obrigatoriamente limitada às áreas que correspondem à navegação costeira nacional.

3. Em embarcações cuja navegação seja controlada e registada por computadores pode o IPTM autorizar que o diário da navegação seja substituído por esse registo.

ARTIGO 140.º
Diário das máquinas

1. O diário das máquinas é o livro de bordo onde se registam obrigatoriamente todos os elementos e factos relativos ao funcionamento do aparelho de propulsão e respectivos auxiliares, bem como outros elementos, factos e ocorrências a eles respeitantes que, pela sua importância ou por determinação legal, devam ser registados.

2. Não carecem de diário das máquinas as embarcações referidas no n.º 2 do artigo anterior.

3. Em embarcações cujo funcionamento é controlado e registado por computadores pode o IPTM autorizar que o diário das máquinas seja substituído por esse registo.

ARTIGO 141.º
Certificado de arqueação

1. O certificado de arqueação é o documento comprovativo de que a embarcação foi arqueada nos termos da legislação em vigor e onde se indicam os valores dessa arqueação.

2. O certificado de arqueação é passado nos termos do disposto no D.L. 245/94 de26SET para as embarcações de comércio e da Portaria 1491/02 de 05DEZ para as embarcações de recreio.

ARTIGO 142.º
Lista de passageiros

1. A lista de passageiros é a relação nominal oficial de todos os indivíduos que, em cada viagem, embarquem como passageiros. (Cfr. D.L. 547/99 de 14DEZ)

2. São dispensadas da lista referida no número anterior as embarcações de passageiros pertencentes ao tráfego local.

ARTIGO 143.º
Lotação de passageiros

1. A lotação de passageiros é o documento passado às embarcações de passageiros no qual se certifica o número de indivíduos que a embarcação pode transportar como passageiros.

2. As embarcações de passageiros de tráfego local são dispensadas do documento referido neste artigo, sem prejuízo do disposto no n.º 3 do artigo 128.º, mas a lotação de passageiros deve ser afixada em local bem visível da embarcação.

ARTIGO 144.º
Livro de registo de óleos

1. O livro de registo de óleos que as embarcações mercantes nacionais devem possuir a bordo é de modelo a aprovar por portaria do Governo e é escriturado quando se verificar qualquer dos seguintes casos:

a) Nas embarcações-tanques:
  1) Lastro e descarga de águas de lastro dos tanques de carga;
  2) Limpeza dos tanques de carga;
  3) Decantação nos tanques de resíduos e descarga da água;
  4) Descarga de resíduos oleosos dos tanques de resíduos e de outras origens;
  5) Descarga ou fuga acidental de óleos;

b) Nas outras embarcações:
  1) Lastro ou limpeza, durante a viagem, dos tanques de combustível;
  2) Descarga de resíduos oleosos dos tanques de combustível ou de outras origens;

3) Descarga ou fuga acidental de óleo.

2. Salvo no caso de embarcações rebocadas sem tripulação, o livro de registo de óleos será conservado a bordo da embarcação a que respeita para ser inspeccionado sempre que necessário, e aí deve ser mantido por um período de dois anos a partir da data do último registo.

3. Cada uma das operações descritas no n.º 1 será imediata e completamente registada no livro, de modo que dele constem todos os aspectos referentes à operação e cada página deve ser assinada pelo oficial ou oficiais responsáveis e pelo comandante.

4. Não carecem do livro referido neste artigo as embarcações:

a) De tráfego local;

b) De pesca local e costeira;

c) Rebocadores e embarcações auxiliares locais e costeiros;

d) Embarcações-tanques com arqueação bruta inferior a 150 t e as outras embarcações com arqueação bruta inferior a 500 t.

ARTIGO 145.º
Despacho de largada da autoridade marítima(*)

1. O despacho de largada da autoridade marítima é o documento em que a autoridade marítima certifica que a embarcação destinada a seguir viagem está em condições de partir sem risco de vidas, possuindo a necessária segurança, e, além disso, que:

a) Possui o desembaraço da autoridade sanitária, se dele carecer;

b) Possui alvará de saída, se dele carecer;

c) Possui toda a documentação em ordem;

d) Satisfez as despesas de pilotagem e quaisquer outras devidas ao Estado;

e) Possui exemplar do CIS e está provida dos meios necessários para a emissão de sinais visuais e acústicos mencionados no mesmo Código;

2. Estão isentas do despacho de largada da autoridade marítima as embarcações:

a) De tráfego local;

b) De pesca, com excepção das de pesca do largo; (Cfr. D.L. 162/88 de 14 MAI)

c) Rebocadores e embarcações auxiliares locais ou costeiros.

3. O desembaraço da autoridade marítima para embarcações desprovidas de propulsão no exercício da actividade de cabotagem, longo curso ou do alto depende de autorização do IPTM para o exercício de tal actividade.

4. Quando qualquer auto por infracção a este regulamento ou outros regulamentos aplicáveis na área de jurisdição marítima estiver pendente de fixação de multa, o capitão do porto, oficiosamente ou a solicitação de outra autoridade, poderá não permitir o despacho de largada da embarcação de cuja tripulação faça parte o presumível infractor sem que seja prestada garantia bancária ou qualquer outra garantia ou caução julgada idónea pelo pagamento do máximo da multa, adicionais e prováveis indemnizações, que possam ser considerados créditos do Estado. (Cfr. Alínea j) do n.º 2 do art.º 13.º D.L. 44/02 e art.º 8.º do D.L. 45/02, ambos de 02MAR)

(*) Despacho de Largada da Autoridade Marítima – D.L. 325/73 de 02.07 e D.L. 44/02 de 02.03 – alínea j) do n.º 2 do art.º 13.º

ARTIGO 146.º
Alvará de saída

1. O alvará de saída é o documento passado às embarcações sujeitas a desembaraço fiscal, nos termos da legislação aduaneira.

2. São dispensadas de alvará de saída as embarcações:
a) De tráfego Local;
b) De pesca Loca e costeira;
c) De pesca do largo; (Nova redacção dada pelo D.L. 162/88 de 14 MAI)
d) Rebocadores e embarcações auxiliares locais e costeiros.

ARTIGO 147.º
Desembaraço da autoridade sanitária

1. O desembaraço da autoridade sanitária é o documento passado às embarcações nos termos da legislação sanitária.

2. São dispensadas do documento referido no número anterior as embarcações:
a) De tráfego local;
b) De pesca local e costeira;
c) De pesca do largo, quando não se destinem a porto estrangeiro;
(Nova redacção dada pelo D.L. 162/88 de 14 MAI)
d) Rebocadores e embarcações auxiliares locais e costeiros;
e) Rebocadores e embarcações auxiliares do alto, quando não se destinem a porto estrangeiro.

ARTIGO 148.º
Conhecimentos e fretamentos; manifesto de carga

1. Os conhecimentos, fretamentos e manifesto de carga são os documentos com essa designação previstos na Lei comercial e disposições alfandegárias.

2. Estão dispensadas dos documentos referidos neste artigo as embarcações de tráfego local e dos conhecimentos e manifesto de carga as de pesca e os rebocadores e embarcações auxiliares.

ARTIGO 149.º
Guarda dos papéis de bordo

Os papéis de bordo estão na posse do comandante, mestre, arrais ou patrão da embarcação, que é o responsável pela sua segurança e conservação, salvo os que, por determinações legais ou por necessidade de registo ou utilização, devam permanecer noutros locais da embarcação.

ARTIGO 150.º
Apresentação dos papéis de bordo

1. O comandante, mestre, arrais ou patrão de uma embarcação nacional é obrigado a apresentar os papéis de bordo sempre que lhe forem exigidos por autoridade marítima ou pelos comandantes de navios da Armada e ainda quando tenha que provar a nacionalidade da sua embarcação perante as competentes autoridades estrangeiras.

2. No caso de falta, desactualização, negligência na escrituração ou falsificação de algum ou alguns dos papéis de bordo, é levantado o respectivo auto e remetido à autoridade marítima da área em que se verificou o facto; se a infracção se verificar com a embarcação em viagem, o comandante, mestre, arrais ou patrão é notificado para legalizar os papéis de bordo no primeiro porto de escala em que o puder fazer e para comparecer, no prazo que lhe for marcado, na repartição marítima para onde o auto é remetido.

3. As embarcações estrangeiras são obrigadas a apresentar os papéis de bordo sempre que lhes sejam exigidos pela competente autoridade marítima ou pelos comandantes dos navios da Armada.

ARTIGO 151.º
Papéis a apresentar à chegada a um porto

1. O comandante, mestre, arrais ou patrão de uma embarcação nacional que entre em porto nacional ou estrangeiro é obrigado a apresentar na repartição marítima ou consulado respectivos, dentro do prazo de vinte e quatro horas a contar da hora a que fundeou, amarrou ou atracou, por si, por um oficial ou pelos agentes ou consignatários, os seguintes papéis de bordo, salvo os que a embarcação não deva possuir:
a) Título de propriedade;
b) Passaporte de embarcação;
c) Rol de tripulação;
d) Lista de passageiros;
e) Certificado de navegabilidade ou certificados de segurança;
    1) Certificados internacionais de linhas de carga ou de isenção do bordo livre ou das linhas de água carregada.

2. É ainda obrigado, quando entrado em porto nacional e nas mesmas condições do número anterior, a apresentar na repartição marítima o diário da navegação, a fim de a autoridade marítima proceder nos termos do CC.

3. O disposto neste artigo não é aplicável às seguintes embarcações:
a) De tráfego local;
b) De pesca local e costeira;
c) Rebocadores e embarcações auxiliares locais ou costeiros.

ARTIGO 152.º
Penalidades aplicáveis a irregularidades relativas a papéis de bordo

As transgressões às disposições relativas a papéis de bordo que não sejam puníveis nos termos do CPDMM são punidas de acordo com o estabelecido na alínea e) do n.º 3 do D.L. 45/02, de 02MAR.

ARTIGO 153.º
Legalização dos livros de bordo

Os livros de bordo são numerados e legalizados por meio de termos de abertura e de encerramento e rubrica, de todas as suas folhas pelo chefe de uma repartição marítima ou por funcionário qualificado em quem delegar.

ARTIGO 154.º
Papéis de bordo retidos numa repartição marítima

Quaisquer livros ou outros documentos de embarcações nacionais ou documentação de marítimos que tiverem de ficar retidos numa repartição marítima por motivo de serviço são substituídos por uma declaração comprovativa do facto, assinada pela autoridade marítima e autenticada com o selo branco da repartição, da qual conste o seu prazo de validade.

CAPÍTULO VIII
Segurança das embarcações e da navegação

ARTIGO 155.º
Responsabilidade da segurança das embarcações e das pessoas e cargas nelas embarcadas

1. Para garantir a segurança das embarcações e das pessoas e cargas nelas embarcadas o Estado fiscaliza, na medida em que o julgue necessário, a construção, modificação ou utilização das embarcações.

2. A fiscalização a que se refere o número anterior incumbe:

a) IPTM, relativamente às embarcações a que é aplicável a CISVHM, nas condições do Decreto-Lei n.º 48 257, de 21 de Fevereiro de 1968, e a CILC;

b) Ao IPTM, quanto às restantes embarcações não pertencentes à Armada, desde que:

    1) Estejam ou venham a ser registadas em portos nacionais;
    2) Estejam sendo construídas ou modificadas em estaleiros nacionais.

3. Para os efeitos a que se refere este artigo, o IPTM pode recorrer, sem alienação da responsabilidade que lhe compete, ao auxílio de sociedades de classificação reconhecidas pelo Governo Português, designadamente quando se trate de embarcações em construção ou modificação em estaleiros estrangeiros.

4. A fiscalização da segurança das embarcações de recreio e das pessoas nelas embarcadas é garantida pelos organismos designados na legislação especial sobre a matéria, que, quando necessário, podem requerer o auxílio técnico do IPTM.

5. A verificação e fiscalização das condições de segurança das embarcações é, normalmente, feita por meio de vistorias, conforme o disposto neste diploma, após as quais o IPTM passa os certificados e outros documentos exigíveis a cada embarcação, consoante as suas características e a actividade a que se destina ou está exercendo.

6. A inobservância das disposições estabelecidas em convenções internacionais e nas leis e regulamentos nacionais relativos a segurança da navegação é punida nos termos do CPDMM. e demais legislação aplicável e é causa de responsabilidade civil nos termos gerais.

ARTIGO 156.º
Organismos que passam as vistorias

1. As vistorias referidas no artigo anterior são passadas pelo IPTM e pelas repartições marítimas, devendo realizar-se, sem prejuízo da segurança das embarcações, por modo a afectar o menos possível os interesses dos proprietários.

2. *(Revogado pelo D.L. 257/02 de 22NOV.)*

3. *(Revogado pelo D.L. 257/02 de 22NOV.)*

4. Nas vistorias a passar pelas repartições marítimas, os capitães de portos, quanto à presidência de vistorias e à nomeação ou requisição de peritos, podem delegar:

a) Nos oficiais-adjuntos que lhes estão subordinados:

    1) A presidência de vistorias em embarcações e seus pertences e em aparelhos de pesca, nos casos de reduzida importância e interesse local;

    2) A nomeação de peritos nos casos em que sejam suficientes os profissionais inscritos marítimos da respectiva repartição marítima;

b) Nos seus subordinados(*) a execução de vistorias em pequenas embarcações de pesca e tráfego locais, seus pertences e aparelhos, quando de reduzido valor, nomeando estes o perito ou peritos, por parte da repartição marítima, entre os profissionais inscritos marítimos residentes na área de jurisdição da capitania, presidindo ao acto e lavrando o respectivo auto.

(*) Alterado pelo D.L. 248/95 de 21.09 que criou o Estatuto da Polícia Marítima (cfr. Conteúdo Funcional das Categorias do Pessoal da Polícia Marítima, anexo ao mesmo)

ARTIGO 157.º
Espécies de vistorias

As vistorias são das espécies seguintes:
a) Vistorias de construção;
b) Vistorias de registo;
c) Vistorias de manutenção;
d) Vistorias suplementares.

ARTIGO 158.º
Vistorias de construção

1. As vistorias de construção são da competência do IPTM e têm lugar durante os trabalhos de construção ou modificação das embarcações ou seguidamente à conclusão desses trabalhos, ou quando da aquisição de uma embarcação.
2. As vistorias a que se refere o número anterior são definidas por portaria do Governo, sem prejuízo do que em tal matéria está estabelecido na CISVHM e na CILC.
3. Para embarcações de pequeno porte, com características a fixar por portaria do Governo, podem as citadas vistorias ser realizadas pelas repartições marítimas.
4. No caso de construções ou modificações realizadas no estrangeiro pode o IPTM delegar a fiscalização numa sociedade de classificação reconhecida pelo Governo Português que disponha de técnicos idóneos no local dos estaleiros ou que para ali se possam deslocar com facilidade.
5. Nas vistorias de construção devem verificar-se as alterações, modificações e instalações para fins de defesa de que trata o artigo 53.º
6. A eficácia da autorização ministerial para aquisição de uma embarcação mercante fica sempre condicionada pela verificação, através da vistoria referida no n.º 1, de que a embarcação corresponde às indicações, dadas pelo proprietário, que fundamentaram a autorização e satisfaz tecnicamente as condições prescritas na legislação em vigor.

ARTIGO 159.º
Vistorias de registo

1. As vistorias de registo, em portos nacionais, são da competência das repartições marítimas e têm lugar:

a) Antes do primeiro registo, definitivo ou provisório;

b) Quando se verifique uma reforma de registo por motivo de alteração da classificação da embarcação;

2. A vistoria de registo é feita mediante requerimento do proprietário, dirigido à autoridade marítima do porto de registo e instruído com certidões das vistorias de construção e outras exigidas por lei, salvo no caso de os respectivos termos terem sido lavrados pela autoridade destinatária do requerimento, em que bastará simples menção desse facto.

3. A vistoria efectua-se em dia e hora designados pela autoridade marítima, de preferência de acordo com o proprietário, e do resultado da mesma vistoria é lavrado termo e passada certidão, quando requisitada.

4. Nos relatórios da vistoria de registo deve declarar-se:

a) Que as inscrições da embarcação estão de acordo com o que é disposto no capítulo VI do presente diploma;

b) Que a embarcação corresponde às indicações, dadas pelo proprietário, que fundamentaram a autorização;

c) O estado do casco, mastreação e seu aparelho, aparelho propulsor, máquinas auxiliares e alojamentos do pessoal;

d) As condições de segurança da embarcação;

e) Se foram seguidos os planos aprovados pelo IPTM, designadamente os relativos às exigências para fins de defesa, quando for caso disso, e respeitadas as indicações constantes das informações do IPTM e da DGPA relativas às actividades de pesca;

f) Se a embarcação satisfaz tecnicamente às disposições legais relativas à aquisição, construção ou modificação de embarcações;

g) O estado das instalações destinadas à arrecadação e conservação do peixe e seus subprodutos, isco e engodo, quando se trate de embarcações de pesca;

h) As lotações para a tripulação e de passageiros, quando for caso disso;

i) Outros elementos respeitantes às condições de segurança da embarcação, consumo, duração e resistência das máquinas principais e auxiliares.

5. São dispensadas de vistoria de registo as embarcações sem motor de arqueação bruta igual ou inferior a 10 t, construídas ou modificadas no país e destinadas ao tráfego ou pesca locais, mas a autoridade marítima deve verificar se satisfazem às condições necessárias ao exercício da actividade a que se destinam.

6. No caso do número anterior, o proprietário, quando não se conforme com a decisão da autoridade marítima, pode requerer vistoria.

7. As vistorias de registo em portos estrangeiros são da responsabilidade das autoridades consulares portuguesas e obedecem ao disposto nos números anteriores, sob a coordenação do IPTM.

ARTIGO 160.º
Vistorias de manutenção

As vistorias de manutenção são realizadas, pelos organismos e com a finalidade e com a periodicidade que forem definidos por portaria do Governo, sem prejuízo do disposto na CISVHM e na CILC, em relação às embarcações a que as mesmas Convenções são aplicáveis.

ARTIGO 161.º
Vistorias suplementares

1. As vistorias suplementares, em portos nacionais, são da competência das repartições marítimas e têm lugar sempre que os chefes dessas repartições tenham justificadas suspeitas, mesmo que resultantes de denúncia, ainda que seja do comandante ou de um tripulante, de que alguma embarcação nacional não pode seguir viagem sem risco de vidas.

2. A autoridade marítima pode exigir ao denunciante, havendo-o, o depósito da importância da vistoria a realizar.

3. Se efectuada a vistoria se comprovarem as más condições da embarcação ou as faltas apontadas, a vistoria é paga pelo proprietário e este é punido nos termos da legislação aplicável; quando a embarcação for julgada em boas condições, a vistoria é paga:

a) Pelo denunciante;
b) Pela Fazenda Nacional, se tiver sido ordenada oficiosamente pela autoridade marítima.

4. As vistorias suplementares, em portos estrangeiros, são da competência das autoridades consulares portuguesas e obedecem ao disposto nos números anteriores.

ARTIGO 162.º
(Revogado pelo D.L. 195/98 de 10.7)

ARTIGO 163.º
*Responsabilidade do comandante e restantes membros
da tripulação na segurança da embarcação*

As atribuições do Estado referidas neste diploma quanto a segurança das embarcações não isentam o comandante, mestre, arrais ou patrão de ser o primeiro responsável pela segurança da embarcação que comanda, nem excluem a responsabilidade dos restantes membros da tripulação.

ARTIGO 164.º
*Responsabilidade do comandante pela segurança e protecção
da sua embarcação nos portos*

1. Os comandantes, mestres, arrais ou patrões, como responsáveis pela segurança e protecção das suas embarcações, devem, quando surtas nos portos, tomar todas as precauções para evitar riscos de qualquer natureza, incluindo as condições de tempo e de mar, incêndio, roubo e sabotagem.
2. Os efectivos mínimos do pessoal que deve ser mantido a bordo, para efeitos do disposto no número anterior, são regulados por portaria do Governo.
3. Compete às autoridades marítimas a inspecção frequente e rigorosa das condições de segurança e de protecção referidas nos números anteriores.

ARTIGO 165.º
Condições gerais de segurança

1. Todas as embarcações devem manter-se convenientemente conservadas e em completo estado de arranjo, no que se refere ao casco, aparelho e, quando for caso disso, pano e devem estar devidamente equipadas e possuir a palamenta necessária.
2. Quando se empreguem no transporte de cargas que exijam resguardo, as embarcações devem assegurá-Io da melhor forma possível.

ARTIGO 166.º
Obrigações do comandante nos sinistros marítimos
(Cfr. D.L. 203/98 de 10JUL)

É obrigação dos comandantes, mestres, arrais ou patrões de embarcações nacionais, desde que o possam fazer sem perigo sério para a sua embarcação, tripulação ou passageiros:

a) Prestar assistência a qualquer pessoa encontrada no mar em perigo de se perder;

b) Prestar a embarcações em perigo todo o auxílio em pessoal e material, compatível com as circunstâncias, que se tome necessário para o salvamento de vidas em perigo;

c) Ir em socorro de pessoas em perigo com a maior velocidade possível, se for informado da necessidade de assistência, na medida em que se possa razoavelmente contar com essa acção da sua parte;

d) Após uma colisão, prestar à embarcação com que tenha colidido, à sua tripulação e aos seus passageiros a assistência compatível com as circunstâncias e, na medida do possível, indicar-lhes o nome da sua própria embarcação, o seu porto de registo e o porto mais próximo que tocará.

ARTIGO 167.º
Obrigações das autoridades marítimas nos sinistros marítimos

1. Em caso de sinistros marítimos que ponham em grave perigo vidas humanas, as autoridades marítimas devem, nas condições a que se refere a alínea a) do n.º 3 do artigo 13.º do D.L. 44/02 de 02MAR:

a) Empregar a gente marítima e as embarcações do porto, se necessário;

b) Requisitar, com urgência, as embarcações do Estado e respectivo pessoal e material que estejam na área de jurisdição da capitania respectiva, se necessário; .

c) Utilizar todos os recursos que possam fornecer as embarcações nacionais fundeadas no porto; .

d) Comunicar o sinistro, com a urgência possível, ao MRCC;(*)

e) Cumprir as disposições do RISN;

f) Participar o sinistro às autoridades fiscal e sanitária e, na sua ausência, prevenir a transgressão dos respectivos regulamentos;

g) Registar o sinistro em livro próprio;

h) Participar ao Procurador do Ministério Público da respectiva comarca o aparecimento de cadáveres arrojados às praias e costas da área de jurisdição respectiva, informando das circunstâncias em que foram encontrados;

i) Comunicar ao IPTM os resultados do inquérito que tenha sido feito sobre o sinistro.

2. As despesas com material e pessoal alheios ao Estado que tenham sido empregues são pagas pelo proprietário, comandante ou consignatário da embarcação socorrida ou, quando isso se justifique, pela Fazenda Nacional, mediante estimativa feita pela autoridade marítima se não houver ajuste prévio ou tabela reguladora de serviços. (Cfr. D.L. 203/98 de 10 JUL)

3. Se o material empregado pertencer ao Estado, são pagas, se não forem superiormente dispensadas, as quantias equivalentes aos danos e deterioração sofridos pelo material, exceptuando-se os casos de que resulte salvamento de bens, em que as embarcações do Estado têm os mesmos direitos das embarcações de propriedade particular. (Cfr. D.L. 203/98 de 10 JUL)

4. Os oficiais-adjuntos fazem a comunicação do sinistro a que se refere a alínea *d)* do n.º 1 ao capitão do porto, a quem requisitam o auxílio necessário, e submetem à sua aprovação a conta das despesas.

5. As autoridades fiscais são obrigadas a participar os sinistros marítimos ocorridos na sua área de jurisdição à repartição marítima em cuja área se situe a sede da autoridade participante.

(*) Sistema Nacional para a Busca e Salvamento Marítimo – D.L. 15/94 de 22.01

ARTIGO 168.º
Embarcações afundadas ou encalhadas na área de jurisdição marítima
(Cfr. alínea m) do n.º 4 do art.º 13.º do D.L. 44/02
e alínea o) do art.º 2.º do D.L. 46/02 ambos de 02MAR)

1. As embarcações afundadas ou encalhadas na área de jurisdição marítima, quando causem prejuízo à navegação, ao regime de portos, à pesca, à saúde pública ou ainda quando a autoridade marítima o julgue conveniente, devem ser removidas pelos seus proprietários ou responsáveis com a urgência que lhes seja imposta; tratando-se embarcações estrangeiras, será dado conhecimento ao respectivo cônsul.

2. No caso de a embarcação se encontrar abandonada ou o seu responsável não ter procedido à sua remoção no prazo fixado, a autoridade marítima levanta auto no qual conste: (Cfr. D.L. 202/98 de 10JUL)
   a) Identificação da embarcação;
   b) Nome do proprietário;
   c) Nacionalidade da embarcação, se for estrangeira;
   d) Características principais;
   e) Natureza da carga;
   f) Local e situação em que se encontra;
   g) Circunstâncias em que se produziu o afundamento ou encalhe;
   h) Circunstâncias que impõem a remoção;
   i) Declaração do responsável pela embarcação sobre os motivos por que não procedeu à remoção.

3. O auto referido no número anterior é remetido superiormente para resolução final, com o parecer do capitão do porto sobre os meios a empregar para a remoção e o orçamento das despesas respectivas.

4. Dos factos referidos nos n.os 2 e 3 é dado conhecimento ao proprietário ou responsável pela embarcação e ainda ao cônsul respectivo se a embarcação for estrangeira; se o proprietário ou responsável pela embarcação não for encontrado ou não houver agente consular, é feita menção desse facto na nota de remessa do auto.

5. Tratando-se de embarcações de tráfego local ou de pesca local ou costeira, é dispensada a remessa do auto referido no n.º 3, procedendo a autoridade marítima à sua remoção; se esta remoção der lugar a encargos por conta do Estado, deve previamente ser solicitada autorização superior.

ARTIGO 169.º
Outras disposições relativas a segurança das embarcações, da navegação, da pesca e a vistorias

1. Não é permitido a qualquer embarcação amarrar a bóias de sinalização, balizas ou qualquer outra ajuda à navegação, nem a redes, bóias ou qualquer outra parte das artes de pesca pertencentes a outra embarcação, nem aguentar a embarcação nelas ou por qualquer outra forma com elas interferir.

2. Qualquer embarcação não deve lançar ao mar as suas redes ou aparelhos a distância que possa causar danos a outros já lançados ou prejuízos na pesca.

3. Quando, ao recolher-se os aparelhos e redes de uma embarcação, se verificar que estão embaraçados ou enrascados nos de outras, deve prevenir-se dessa circunstância o comandante, mestre, arrais ou patrão da embarcação a que eles pertencerem, a fim de, em conjunto, se empregarem os meios convenientes para os safar, sendo neste caso o produto da pesca dividido proporcionalmente às artes de cada um, quando nisso acordem.

4. Quando o comandante, mestre, arrais ou patrão, ao suspender as redes ou aparelhos da sua embarcação, os encontre enrascados com outros pertencentes a embarcação que não esteja no local, deve desembaraçar os aparelhos ou redes e largar os que não lhe pertençam para o fundo, presos às respectivas bóias, depois de se certificar que os mesmos não correm risco de se perderem; no caso contrário ou quando tenha de cortar os aparelhos ou redes para desembaraçar os seus, deve entregá-los à autoridade marítima a quem participará a ocorrência, a qual, em face disso, procede a averiguações e decide de acordo com as circunstâncias.

5. O comandante, mestre, arrais ou patrão de uma embarcação mercante que, por motivo de força maior, alijar de pronto a carga ou parte dela deve marcar o local em que praticou esse facto e participá-lo à autoridade marítima que tenha jurisdição no local ou à do primeiro porto nacional onde tocar.

ARTIGO 170.º
Comunicações

1. As embarcações mercantes nacionais não podem empregar, para se corresponder entre si ou com outras estrangeiras, aeronaves, estações ou postos semafóricos, radiotelegráficos ou radiotelefónicos, outros sistemas de sinais que não os previstos no CIS.

2. Exceptuam-se ao disposto no número anterior:

a) As comunicações com embarcações, aeronaves e estações ou postos semafóricos, radiotelegráficos ou radiotelefónicos de países que ainda não tenham adoptado o Código referido neste artigo;

b) Os casos previstos na CISVHM e no RIEAM;

c) O emprego de códigos locais, quando autorizados pelos titulares dos departamentos competentes.

3. As autoridades marítimas têm a faculdade de transmitir ou receber das embarcações que se encontrem nas suas áreas de jurisdição, pela rádio, telégrafo ou semáforo, qualquer comunicação de interesse geral ou que respeite ao exercício das suas funções.

ARTIGO 171.º
Fogos de artifício

Não é permitido na área de jurisdição marítima, sem licença da respectiva autoridade, lançar foguetões, acender fogos de artifício, dar tiros ou fazer qualquer sinal de alarme, salvo o caso de necessidade de socorro.
(Cfr. D.L. 44/02 e alínea i) do n.º 2 do Art.º 4.º D.L. 45/02 ambos de 02MAR)

ARTIGO 172.º
Penalidades

As transgressões ao disposto nos artigos deste capítulo que não sejam puníveis nos termos do CPDMM são punidas de acordo com o estabelecido no D.L. 45/02 e D.L. 49/02 ambos de 02MAR.

CAPÍTULO IX
Ancoradouros, amarrações e atracações

ARTIGO 173.º
Ancoradouros e suas espécies

1. São ancoradouros as áreas dos portos em que as embarcações podem fundear ou amarrar, podendo ser classificados como:
a) Militares;
b) Comerciais;
c) De pesca;
d) De recreio;
e) De tráfego local;
f) De quarentena; .
g) De embarcações com cargas explosivas ou inflamáveis;
h) De pontões e embarcações condenadas;
i) De armamento e fabrico.
2. *(Revogado pelo D.L. 46/02 de 02.03)*
3. *(Revogado pelo D.L. 46/02 de 02.03)*
4. Podem ser definidos ancoradouros mistos, abrangendo duas ou mais das espécies indicadas no n.º 1.

5. As autoridades marítimas devem manter o IH devidamente informado sobre os ancoradouros que definirem nas áreas da sua jurisdição.
(Cfr. Alínea d) do n.º 4 do Art.º 13.º do D.L. 44/02 de 02MAR)

6. O disposto neste artigo não é aplicável nas áreas sob jurisdição das autoridades navais.

7. As áreas a que se refere o número anterior são definidas por portaria do Governo, ouvido o Ministro das Obras Publicas Transportes e Habitação, quando forem contíguas a áreas sob jurisdição das autoridades portuárias.

ARTIGO 174.º
(Revogado pelo D.L. 46/02 de 02.03)

ARTIGO 175.º
Embarcações atracadas ou a reboque de outras amarradas a bóias ou fundeadas
(Cfr. alínea d) do n.º 4 do Art.º 13.º do D.L. 44/02 de 02MAR)

1. As embarcações, quando amarradas a bóias ou fundeadas com os seus ferros, não podem:

a) Ter a reboque, pela popa, mais de uma embarcação, devendo o comprimento do reboque ser inferior a 14 m;

b) Ter atracadas à borda maior número de embarcações do que aquele que razoavelmente possam suportar as suas amarrações.

2. Compete aos comandantes, mestres, arrais ou patrões de embarcações amarradas ou fundeadas regular o número de embarcações à carga e descarga, de acordo com as condições de tempo e as correntes.

3. Os comandantes, mestres, arrais ou patrões, quando intimados pelo comandante, mestre, arrais ou patrão da embarcação amarrada ou fundeada, ou seu representante ou pela autoridade marítima, a largarem da embarcação ou a afastarem-se dela, devem fazê-lo com urgência, salvo caso de força maior.

4. A intimação pelo comandante, mestre, arrais ou patrão, ou seu representante, referida no número anterior, deve ser feita na presença de duas testemunhas.

5. *(Revogado pelo D.L. 46/02 de 02.03)*

ARTIGO 176.º
**Embarcações em risco de garrar, de se desamarrar
ou de prejudicar outras**

1. Quando uma embarcação estiver em risco de garrar, de se desamarrar ou de prejudicar outras embarcações, deve, em devido tempo, e segundo as circunstâncias, reforçar a amarração, amarrar novamente ou largar para local onde não cause prejuízo ou lhe for determinado pela autoridade marítima.
2. Quando a manobra referida no número anterior não for efectuada no prazo fixado, a repartição marítima promove a sua realização, sendo os respectivos encargos suportados pela embarcação.
3. Quando alguma embarcação cair sobre outra e esta puder evitar danos arriando a amarra, deve proceder desse modo desde que não corra risco, perdendo o direito a ser indemnizada dos danos que sofra se o não fizer.

ARTIGO 177.º
Embarcações com amarrações enrascadas

1. As embarcações que, por facto não imputável a qualquer delas, tiverem as suas amarrações enrascadas com as de outras, devem coadjuvar-se mutuamente na faina de as porem claras.
2. Quando as amarrações se enrascarem devido a uma embarcação ter fundeado mal os seus ferros por culpa do piloto, o trabalho é realizado exclusivamente por essa embarcação, ou a expensas dela.
3. No caso do número anterior a autoridade portuária perde o direito à importância da pilotagem e ao salário do piloto pelos dias que estiver a bordo devido aos trabalhos de amarração.

ARTIGO 178.º
(Revogado pelo D.L. 46/02 de 02.03)

ARTIGO 179.º
Acesso de pessoal a bordo em condições de segurança
(Revogado pelo D.L. 46/02 de 02.03)

ARTIGO 180.º
Paus de carga

1. Os paus de carga das embarcações só podem estar disparados fora da borda durante as operações de carga e descarga. (Cfr.alínea K) do n.º 3 do Art.º 4.º do D.L. 45/02, de 02MAR)

2. Se o serviço de carga e descarga se fizer para embarcações encostadas, os paus de carga só podem ser disparados fora da borda com as referidas embarcações devidamente amarradas, devendo ser atracados antes de estas largarem.

ARTIGOS 181.º a 183.º
(Revogados pelo D.L. 46/02 de 02.03)

ARTIGO 184.º
Penalidades

As transgressões ao disposto nos artigos deste capítulo que não sejam puníveis nos termos do CPDMM são punidas de acordo com o estabelecido em portaria do Governo.

CAPÍTULO X
Objectos achados no mar

ARTIGO 185.º
Regime dos objectos achados no mar, no fundo do mar ou por este arrojados

Mantém-se em vigor o D.L. n.º 416/70, de 1 de Setembro, com alterações do D.L. 577/76 de 21 de Julho de que o presente capítulo é complementar.

ARTIGO 186.º
Concessão da licença do artigo 7.º do Decreto-Lei n.º 416/70
(Cfr. D.L. 164/97 de 27JUL)

1. A licença a que se refere o artigo 7.º do Decreto-Lei n.º 416/70 é concedida mediante requerimento apresentado pelo interessado na respectiva capitania, em que obrigatoriamente se deve indicar a área a explorar.

2. A assinatura do requerente deve ser reconhecida por notário, salvo se aquele for conhecido na capitania ou exibir o seu bilhete de identidade, o que a autoridade marítima deverá certificar e registar no próprio documento; deve exibir-se certidão actualizada do pacto social ou dos estatutos, conforme o caso.

ARTIGO 187.º
Elementos a enviar pelas capitanias ao IPA – Instituto Português da Arqueologia relativamente às licenças

1. A capitania deve enviar ao IPA cópia de cada licença concedida nos termos do artigo anterior.
2. No caso de renovação de licença, a capitania deve informar o IPA sobre os resultados obtidos pelo seu titular durante o último período de validade da licença.

ARTIGO 188.º
Achados de natureza militar

As pessoas que acharem quaisquer objectos de natureza militar devem proceder nos termos do artigo 2.º do Decreto-Lei n.º 416/70, e abster-se de os manusear.

ARTIGO 189.º
Achados pelas embarcações de material de natureza militar

1. As embarcações que acharem no mar qualquer objecto de natureza militar devem utilizar os meios de que dispõem para o rebocar com a necessária segurança para o porto que menor prejuízo cause à sua actividade.
2. Se não puderem adoptar o procedimento referido no número anterior ou o considerarem perigoso para a embarcação e pessoal nela embarcado, devem comunicar o achado pela via mais rápida, nos termos do disposto no artigo 2.º do Decreto-Lei n.º 416/70.

ARTIGO 190.º
Providências das autoridades marítimas e navais quanto a achados de natureza militar

1. As autoridades marítimas a quem for entregue material de natureza militar ou que recebam comunicação do seu achamento devem participar imediatamente o facto às autoridades navais competentes e prestar-lhes a colaboração possível e necessária.

2. As autoridades navais referidas no número anterior devem identificar o material achado, providenciar no sentido de ser conservado ou transportado sem riscos e suportar todos os encargos disso resultantes.

ARTIGO 191.º
Achados de natureza militar entregues às autoridades aduaneiras

As autoridades aduaneiras a quem os achadores entreguem objectos que reconheçam ser, ou poder ser, de natureza militar devem entregá-los às autoridades marítimas o mais rapidamente possível.

ARTIGO 192.º
Destino dos achados de natureza militar

1. Os objectos a que se referem os artigos anteriores, depois de identificados e tornados inertes pelas autoridades navais, podem, mediante decisão do chefe do Estado-Maior da Armada, ser destruídos, ser aproveitados pela Armada ou ser entregues ao Exército, ou Força Aérea ou às autoridades aduaneiras.

2. A entrega referida no número anterior é feita pelas autoridades marítimas, sendo os objectos acompanhados por guia onde figurem os elementos de identificação do achador.

ARTIGO 193.º
Dever de informar as autoridades aduaneiras

As autoridades marítimas devem informar as autoridades aduaneiras de todas as providências que adoptarem quanto ao material referido nos artigos anteriores.

ARTIGO 194.º
Ferros perdidos

1. Os comandantes, mestres, arrais ou patrões, sempre que a sua embarcação perder um ferro, devem participar o facto, por escrito e no prazo de oito dias, à autoridade marítima respectiva.

2. A participação deve indicar:
a) Nomes da embarcação e do seu proprietário;
b) Tipo, peso e comprimento do ferro perdido;
c) Bitola da amarra que tiver talingada;
d) Marcas particulares, se as houver;
e) Outras indicações que permitam confirmar a quem pertence, se for encontrado.

3. A participação é registada em livro próprio da repartição marítima.

4. Os ferros achados cuja perda não for participada nos termos deste artigo consideram-se propriedade do Estado.

5. Para os efeitos deste capítulo, a designação «ferro» abrange os ferros, as âncoras, as amarras, as bóias, as poitas, as gatas, os ancorotes e as fateixas.

ARTIGO 195.º
Rocega de ferro perdido

O proprietário ou o comandante, mestre, arrais ou patrão de qualquer embarcação que tenha perdido um ferro tem a faculdade de o fazer rocegar quando munido da competente licença, que só pode ser concedida em face do registo a que se refere o n.º 3 do artigo anterior.

ARTIGO 196.º
Ferros perdidos por navios da Armada ou outras embarcações do Estado

1. Os comandantes de navios da Armada ou de outras embarcações do Estado quando perderem um ferro devem proceder nos termos indicados nos dois artigos anteriores, independentemente de outras providências a que estejam obrigados.

2. *(Revogado pelo D.L. 44/02 de 02.03)*
3. A rocega dos ferros dos navios da Armada ou de outras embarcações do Estado não carece de licença.

ARTIGO 197.º
Ferro achado ao suspender

1. Quando uma embarcação suspender, conjuntamente com o seu ferro, um outro que não faça parte de nenhuma amarração fixa ou ao qual não esteja amarrada qualquer embarcação, o facto deve ser comunicado, no mais curto prazo, pelo comandante, mestre, arrais ou patrão à respectiva autoridade marítima.
2. Recebida a comunicação, a autoridade marítima deve providenciar no sentido da imediata remoção do ferro para terra ou, quando esta não puder efectuar-se imediatamente, do seu lançamento para o fundo, ficando o local devidamente assinalado.
3. A remoção do ferro para terra ou a sua rocega é feita, mediante requisição da autoridade marítima, por embarcação do Estado, quando a houver apta para esse fim ou, não a havendo, por conta de quem encontrou o ferro.

ARTIGO 198.º
Ferro achado ao rocegar outro

Aquele que, devidamente licenciado, estiver rocegando um determinado ferro e, ocasionalmente, encontrar outro deve entregar este à autoridade marítima respectiva, para que esta, verificando se está registado e a quem pertence, lhe dê o competente destino.

ARTIGO 199.º
Ferro registado achado por outrém

1. Um ferro que estiver registado nos termos do n.º 3 do artigo 194.º e for achado ou rocegado por pessoa que não seja o proprietário, ou quem legalmente o represente, é avaliado, a fim de ser atribuído ao achador um terço do seu valor, depois de deduzidas as despesas feitas.

2. A avaliação é feita por um só perito, nomeado pela autoridade marítima, ou, havendo discordância do achador ou do proprietário, por três, sendo um designado pela autoridade marítima, outro pelo achador e o terceiro pelo proprietário.

3. O ferro só pode ser entregue ao proprietário depois de este pagar a importância devida ao achador e mais despesas que houver.

ARTIGO 200.º
Perda do direito ao ferro achado por outrém

1. O não pagamento, no prazo de noventa dias, das importâncias referidas no n.º 3 do artigo anterior determina a perda a favor do Estado do direito do proprietário ao ferro achado, sem prejuízo de o achador receber do Estado, no prazo de sessenta dias, a percentagem que lhe é devida.

2. O valor do ferro é o que resultar da sua venda em hasta pública ou, quando esta não tiver lugar, de avaliação feita nos termos do artigo anterior.

ARTIGO 201.º
Ferro achado ou rocegado por embarcação do Estado

1. Quando um ferro for achado ou rocegado por uma embarcação do Estado, pertence ao pessoal que a guarnece ou tripula, como gratificação, um terço do seu valor, fixado nos termos do artigo 199.º

2. A gratificação é paga pelo proprietário do ferro quando a ele tiver direito, ou, no caso do artigo anterior, pelo Estado, nos termos aí referidos.

ARTIGO 202.º
Ferros não registados

Aos ferros a que se refere o n.º 4 do artigo 194.º, para o efeito de se determinar a percentagem devida pelo Estado ao achador, é aplicável o disposto no n.º 2 do artigo 200.º

ARTIGO 203.º
Falta de manifesto de ferros achados

Os ferros rocegados ou casualmente encontrados que não forem manifestados na repartição marítima respectiva no prazo de quarenta e oito horas consideram-se sonegados, e quem os rocegou ou achou perde o direito que possa ter a parte do seu valor, sem prejuízo da sanção criminal que lhe couber.

ARTIGO 204.º
Embarcações abandonadas

As embarcações encontradas abandonadas, a flutuar ou encalhadas nas áreas de jurisdição marítima são entregues:

a) Aos seus donos, ou a quem os represente, se forem nacionais, mediante pagamento das despesas que, porventura, tiverem sido feitas para o seu salvamento ou segurança;

b) As estâncias fiscais, quando não tenham dono conhecido ou sejam estrangeiras.

CAPÍTULO XI
Regras processuais

ARTIGO 205.º
Relatórios de mar
(Cfr. D.L. 384/99 de 23SET)

1. Os relatórios de mar elaborados pelos comandantes das embarcações mercantes nacionais, nos termos do CC, são apresentados às autoridades marítimas ou consulares, para os fins do mesmo Código, no prazo de quarenta e oito horas.

2. As autoridades marítimas devem ouvir, nos termos do CC, os principais da tripulação, sobre os relatórios de mar, para estes serem confirmados e fazerem fé em juízo.

3. A descarga da embarcação não deve começar, salvo caso de urgência ou de força maior, enquanto o relatório de mar não estiver confirmado.

ARTIGOS 206.º a 228.º
(Revogados pela Lei 35/86 de 4.9, que aprovou o regime dos Tribunais Marítimos)

CAPÍTULO XIII
Disposições especiais sobre actividades de embarcações

ARTIGO 229.º e 230.º
(Revogados pelo D.L. 278/87 de 7.7).

ARTIGO 231.º
Tráfego marítimo entre portos portugueses

O tráfego marítimo entre portos portugueses é reservado à navegação nacional que de modo regular o sirva e as condições do seu exercício regem-se por legislação própria, designadamente no que se refere a afretamento de embarcações estrangeiras para o efectuar. (Cfr. D.L. 194/98, de 10 JUL)

ARTIGO 232.º
Embarcações desprovidas de propulsão

1. A exploração de um rebocador com embarcações desprovidas de meios de propulsão depende de licença anual passada pela repartição marítima.

2. A concessão da licença é precedida de vistoria, para se verificar se o conjunto do rebocador e embarcações rebocadas oferecem as necessárias condições de segurança e, em especial, se a potência da máquina, cabos de reboque e luzes de navegação satisfazem às prescrições técnicas.

3. Na licença deve ficar registada a tripulação de cada embarcação e do rebocador.

4. A licença caduca logo que seja substituída qualquer das embarcações ou o rebocador.

ARTIGO 233.º
Meteorologia

1. Os serviços meteorológicos devem dar conhecimento às autoridades marítimas dos seus boletins meteorológicos e comunicar-lhes telegraficamente as previsões de temporais nas suas áreas de jurisdição, a fim de estas providenciarem, como for conveniente, a respeito das embarcações surtas nos portos ou que pretendam sair deles.

2. As embarcações mercantes são obrigadas a cumprir as prescrições legais relativas a serviços meteorológicos.

ARTIGO 234.º
Armas e munições a bordo de embarcações

A existência de armas e munições a bordo das embarcações mercantes é regulada por legislação especial.

ARTIGO 235.º
Material flutuante para obras nos portos

1. O material flutuante pertencente a firmas adjudicatárias de obras nos portos e nelas empregado está sujeito às seguintes normas:

a) Pode ser utilizado sem necessidade de nacionalização ou registo, quer na repartição marítima, quer na conservatória do registo comercial, e, mesmo que não haja acordo com o país a que ele pertence, no caso de se tratar de firma estrangeira, pode a autoridade marítima valer-se da arqueação constante dos papéis de bordo;

b) Para efeitos de polícia e segurança da navegação, fica sob a jurisdição da repartição marítima e deve obedecer ao seguinte:

    1) São dispensadas as marcações de bordo livre segundo os regulamentos portugueses, mesmo no caso de não haver reciprocidade com o país onde está registado o material;

    2) A verificação pela autoridade marítima das suas condições de segurança é feita passando-se vistoria antes da entrada em serviço, com maior ou menor detalhe, conforme os papéis de bordo e respectivos prazos de validade;

3) Se os resultados da inspecção forem favoráveis, a autoridade marítima passa certificado de navegabilidade.
2. *(Revogado pelo D.L. 280/01 de 23.10 – Anexo V)*
3. Todas as despesas a fazer nas repartições marítimas, em relação com o material referido neste artigo, quer seja nacional ou estrangeiro, são pagas como se se tratasse de embarcações portuguesas.

CAPÍTULO XIV
Emolumentos e taxas; receitas e despesas

ARTIGO 236.º
Emolumentos e outras verbas(*)

Os emolumentos e outras verbas a cobrar nas repartições marítimas pelos serviços prestados são os constantes de tabela a promulgar por portaria do Governo, ouvido o Ministro das Finanças.

(*) Regulamento das Taxas e Emolumentos Devidos pelos Serviços prestados pelos Órgãos e Serviços da Autoridade Marítima nos Portos – Port. 385/02 de 11.04

ARTIGO 237.º
Elementos para cobrança de taxas e elaboração de estatísticas

1. Para efeito de cobrança de taxas que incidam sobre os rendimentos de pescas e outras actividades relacionadas com a jurisdição das repartições marítimas, incumbe aos respectivos organismos do Estado escriturar e fazer escriturar, de acordo com as disposições legais em vigor, os elementos necessários e prestar às autoridades marítimas todos os esclarecimentos e informações relativos a esses assuntos, nas épocas e da forma que for acordado entre estas autoridades e aqueles organismos.
2. Aos mesmos organismos igualmente incumbe fornecer às autoridades marítimas os elementos de que disponham para elaboração das estatísticas a cargo destas autoridades e que por elas lhes sejam requisitados.

ARTIGO 238.º
Cobrança de receitas

1. Às autoridades marítimas compete fiscalizar a cobrança de:
a) Emolumentos, taxas, custas e selos por documentos passados, serviços prestados ou acções julgadas nas repartições marítimas nos termos da lei;
b) Receitas do Estado, e das administrações portuárias ou institutos portuários que, por lei, devam ser cobradas pelas repartições marítimas;
c) Despesas feitas pelas repartições marítimas nos termos da lei e que não devam ficar a seu cargo depois de aprovadas superiormente.
2. As importâncias a que se refere o número anterior que não forem pagas no prazo legal são cobradas coercivamente por intermédio dos tribunais administrativos e fiscais.
3. Para os efeitos do número anterior é título executivo certidão passada pela autoridade marítima de que constem os elementos referidos no artigo 88.º do Código de Procedimento e de Processo Tributário e ainda as entidades a quem são devidas as importâncias a cobrar.

ARTIGO 239.º
Registo de receitas

1. As receitas cobradas pelas repartições marítimas que se destinem ao Estado, ao ISN ou a outros organismos ou serviços são escrituradas, com duplicado destacável, em livro próprio, de modelo aprovado em portaria do Ministro da Defesa.
2. As importâncias cobradas, de que devem ser passados recibos devidamente enumerados, são consideradas verbas de receita, numeradas seguidamente dentro de cada ano, e, como tal, escrituradas diariamente no livro, onde também deve ser indicado o nome da entidade que efectuou o pagamento, proveniência da receita, número de recibo emitido, e lançados nas colunas respectivas os quantitativos das parcelas que a compõem, classificados segundo as rubricas do Orçamento Geral do Estado em vigor.
3. Diariamente, ou com maior periodicidade, conforme o montante das receitas arrecadadas, deve a autoridade marítima visar o livro de registo, depois de apurado o movimento.

ARTIGO 240.º
Entrega de receitas

1. No fim de cada mês, ou sempre que o aconselhe o montante das receitas arrecadadas, deve a autoridade marítima ordenar a entrega nos cofres do Estado ou dos organismos interessados da receitas que, pela sua natureza, respectivamente, se lhes destinem.

2. As entregas referidas no número anterior são realizadas por meio de guias, de modelos aprovados, e efectuam-se:

a) Até ao dia 10 do mês seguinte à cobrança;

b) À medida que forem sendo recebidas, no prazo máximo de dois dias, tratando-se de. cobranças muito vultosas.

3. O registo das receitas é encerrado no fim de cada mês, fazendo-se um resumo, ordenado de modo que os totais correspondentes às somas dos valores da receita do Estado e da receita de diversos organismos sejam iguais aos totais das respectivas guias, cujos números, datas e quantias são indicados.

4. As entregas nos cofres do Estado devem ser feitas no Banco de Portugal e nas restantes localidades do continente ou das ilhas adjacentes, nas agências do Banco de Portugal ou, na sua falta, na repartição de finanças da respectiva localidade.

5. As receitas das outras entidades são entregues directamente nos cofres da respectiva sede ou das dependências mais próxima para tanto habilitadas.

ARTIGO 241.º
Guias de entrega

1. As guias de entrega, devidamente preenchidas e contendo a rigorosa classificação orçamental das verbas a que se referem, são passadas em quadruplicado, quanto às receitas do Estado, e em triplicado, quanto às restantes, sendo entregues às entidades referidas nos n.os 4 e 5 do artigo anterior.

2. Estas entidades ficam com os originais das guias e devolvem os restantes exemplares à repartição marítima, neles certificando o recebimento do original.

3. A repartição marítima dá aos exemplares devolvidos o destino seguinte:

a) Os duplicados, bem como os duplicados destacados do livro de registo a que se refere o n.º 1, do artigo 239.º, são remetidos, até ao dia 15 do mês seguinte a que respeite a receita, ao conselho administrativo ou ao encarregado de toda a administração de que dependem, que deve acusar a recepção;

b) Os triplicados são arquivados no respectivo processo;

c) Os quadruplicados, quando os houver, são remetidos, no prazo estabelecido na alínea *a)*, à 2.ª Repartição da Direcção-Geral da Contabilidade Pública.

4. Os conselhos administrativos e os encarregados de toda a administração devem lançar, respectivamente, a débito e a crédito das suas contas de caixa, tanto quanto possível no mês a que o movimento se refere, e sempre dentro do ano económico em que as receitas foram cobradas, os documentos referidos na alínea *a)* do número anterior.

ARTIGO 242.º
Registo de preparos

Os preparos efectuados como garantia de pagamento de serviços requeridos devem ser escriturados, no momento da sua entrega, em livro apropriado, onde se indicará o nome da entidade que efectuou o pagamento e o fim a que se destinam, e deles é passado recibo com numeração própria.

ARTIGO 243.º
Alterações aos artigos anteriores

O disposto nos artigos 238.º a 242.º pode ser alterado por portaria do Governo.

CAPÍTULO XV
Disposições diversas, finais e transitórias

ARTIGO 244.º
(Revogado pelo D.L. 44/02 de 02.03)

ARTIGO 245.º
Esclarecimento de dúvidas

É da competência do Governo esclarecer por despacho as dúvidas que se suscitem na aplicação deste diploma.

ARTIGO 246.º
Alterações ao regulamento

O Governo poderá introduzir, por portaria, alterações ao presente Regulamento, quando essas alterações sejam motivadas por convenções internacionais a que o país tenha aderido e que tenham sido integradas em direito interno português ou por disposições constantes de Leis ou Decretos-Lei.

ARTIGO 247.º
Legislação que se mantém, provisoriamente, em vigor

Enquanto não forem publicados os diploma e despachos a que se refere o presente Regulamento são mantidas, em relação às respectivas matérias, as disposições legais em vigor, desde que não contrariem as do presente Regulamento.

ARTIGO 248.º
Outras disposições legais em vigor

1. A competência que, por este Regulamento, é conferida às autoridades marítimas não é aplicável nas áreas ou circunstâncias em que tal competência, pela legislação presentemente em vigor, pertence a outras entidades ou organismos.
2. Quando essa competência pertencer a outras entidades ou organismos por disposições regulamentares ou pelo simples uso, o assunto será esclarecido por despacho conjunto dos respectivos Ministérios.

ARTIGO 249.º
Legislação revogada

Sem prejuízo do disposto no artigo anterior, fica revogada toda a legislação referente a matérias reguladas neste diploma, nomeadamente:
- Acto de Navegação de 8 de Julho de 1853
- Decreto de 1 de Dezembro de 1892;
- Portaria de 24 de Agosto de 1903
- Decreto n.º 5 703, de 10 de Maio de 1919
- Decreto n.º 6 273, de 10 de Dezembro de 1919
- Decreto n.º 7 094, de 6 de Novembro de 1920
- Decreto n.º 9 704, de 21 de Maio de 1924
- Decreto n.º 10 940, de 20 de Julho de 1925
- Decreto n.º 11 449, de 19 de Fevereiro de 1926
- Decreto n.º 12 807, de 11 de Dezembro de 1926
- Decreto n.º 12 822, de 1 de Novembro de 1926
- Decreto n.º 13 738, de 7 de Junho de 1927
- Decreto n.º 15 360, de 9 de Abril de 1928
- Decreto n.º 16 057, de 23 de Outubro de 1928
- Portaria n.º 5 690, de 1 de Novembro de 1928
- Decreto n.º 16 639, de 21 de Março de 1929
- Decreto n.º 19 401, de 2 de Março de 1931
- Decreto n.º 20 491, de 4 de Novembro de 1931
- Decreto n.º 20 926, de 24 de Fevereiro de 1932
- Decreto n.º 21 366, de 10 de Maio de 1932
- Decreto n.º 22 249, de 21 de Fevereiro de 1933
- Decreto-Lei n.º 22 479, de 25 de Abril de 1933
- Decreto-Lei n.º 23 033, de 15 de Setembro de 1933
- Decreto-Lei n.º 24 235, de 27 de Julho de 1934
- Decreto-Lei n.º 24 380, de 18 de Agosto de 1934
- Decreto-Lei n.º 24 722, de 3 de Dezembro de 1934
- Lei n.º 1 919, de 29 de Maio de 1935
- Decreto-Lei n.º 26 059, de 16 de Novembro de 1935
- Decreto n.º 27 798, de 29 de Junho de 1937
- Decreto-Lei n.º 28 065, de 1 de Outubro de 1937
- Decreto-Lei n.º 28 127, de 2 de Novembro de 1937
- Portaria n.º 9 166, de 14 de Fevereiro de 1939
- Decreto-Lei n.º 30 870, de 12 de Novembro de 1940
- Decreto-Lei n.º 30 884, de 19 de Novembro de 1940

- Decreto n.º 31 333, de 23 de Junho de 1941
- Decreto-Lei n.º 34 383, de 18 de Janeiro de 1945
- Decreto-Lei n.º 34 532, de 25 de Abril de 1945
- Decreto-Lei n.º 35 937, de 9 de Novembro de 1946
- Decreto-Lei n.º 37 506, de 6 de Agosto de 1949
- Decreto n.º 37 979, de 22 de Setembro de 1950
- Decreto-Lei n.º 38 119, de 29 de Dezembro de 1950
- Decreto-Lei n.º 38 810, de 1 de Julho de 1952
- Decreto-Lei n.º 39 356, de 10 de Setembro de 1953
- Decreto n.º 39 741, de 31 de Julho de 1954
- Decreto-Lei n.º 39 976, de 20 de Dezembro de 1954
- Decreto n.º 40 728, de 18 de Agosto de 1956
- Decreto-Lei n.º 40 772, de 8 de Setembro de 1956
- Portaria n.º 16 078, de 13 de Dezembro de 1956
- Decreto-Lei n.º 41 006, de 16 d: Fevereiro de 1957
- Portaria n.º 16 241, de 5 de Abril de 1957
- Decreto n.º 44 978, de 18 de Abril de 1963
- Decreto n.º 45 082, de 21 de Junho de 1963
- Decreto n.º 45 393, de 29 de Novembro de 1963
- Decreto n.º 47 234, de 3 de Outubro de 1966
- Decreto n.º 47 341, de 24 de Novembro de 1966
- Decreto n.º 48 974, de 18 de Abril de 1969
- Decreto n.º 49 149, de 26 de Julho de 1969
- Portaria n.º 234/70, de 12 de Maio
- Decreto n.º 196/71, de 12 de Maio.

ARTIGO 250.º
Data de entrada em vigor

Este diploma entra em vigor noventa dias após a data da sua publicação.

ANEXO
QUADRO N.º 1

Capitanias dos portos	Jurisdição Na costa	Jurisdição Nos portos, rios, rias e lagoas	Delegações marítimas	Jurisdição
Caminha	Desde a foz do rio Minho (fronteira) até ao Forte do Cão, incluindo a Ìnsua.	Rio Minho, desde a foz até ao rio Trancoso; rio Coura, desde a sua confluência com o rio Mino até à ponte de Vilar de Mouros.	Âncora	Desde o paralelo da Igreja te de Santo Isidoro até ao Forte do Cão e o rio Âncora até à ponte do caminho de ferro.
Viana do Castelo	Desde o Forte Cão até à foz do rio Alto, definida pela intersecção do curso do rio com a linha de baixa-mar, com as seguintes coordenadas: Latitude: 41° 28' 2" N.; longitude: 008° 46' 4" W.	Rio Lima, desde a foz até à linha que une a torre da igreja de Vila Mau à torre da igreja de Santa Maria de Moreira do Gerêz; rio Cávado, desde a foz até à primeira ponte.	Esposende	Desde a margem Sul do rio Neiva até à foz do rio Alto, definida pela intersecção do curso do rio com a linha da baixa-mar, com as seguintes coordenadas: Latitude: 41° 28' 2" N.; longitude: 8° 46' 4" W., Rio Cávado, desde a foz até à primeira ponte.
Póvoa de Varzim	Desde a foz do rio Alto, definida pela intersecção do curso do rio com a linha de baixa-mar, com as seguintes coordenadas: Latitude: 41° 28' 2" N. longitude: 008° 46' 4" W.; até ao molhe Sul do porto da Póvoa de Varzim.	– –	– –	– –
Vila do Conde	Desde o molhe Sul do porto da Póvoa do Varzim até à foz do rio Donda, definida pela intersecção do curso do rio com a linha da baixa-mar, com as seguintes coordenadas: Latitude: 41° 16' 0" N. Longitude: 008° 43' 6" W.	Rio Ave até ao primeiro açude	– –	– –
Leixões	Desde a foz do rio Donda, definida pela intersecção do curso do rio com a linha da baixa-mar, com as seguintes coordenadas: Latitude: 41° 16' 0" N. longitude: 008° 43' 6" W., até ao cais de Carreiros, na foz do Douro, com as seguintes coordenadas: Latitude: 41° 9' 22" N.; longitude: 008° 41' 4" W.	Porto de Leixões e docas	– –	– –
Douro	Desde o cais de Carreiros, na foz do Douro, com as seguintes coordenadas: Latitude: 41° 9' 22" N. longitude:008° 4' 4" W, até ao Monto Negro, a Sul da praia de Cortegaça	Rio Douro até ao limite do curso nacional do rio e toda a lagoa de Esmoriz	Régua	Rio Douro, desde a Barragem do Carrapatelo até ao limite do curso nacional do rio.

ANEXO
QUADRO N.º 1

Capitanias dos portos	Jurisdição - Na costa	Jurisdição - Nos portos, rios, rias e lagoas	Delegações marítimas	Jurisdição
Aveiro	Desde o Monte Negro, a Sul da praia da Cortegaça até à margem sul da lagoa de Mira.	Toda a ria de Aveiro e o rio Vouga até à ponte do caminho de ferro.	----	----
Figueira da Foz.	Desde a margem sul da lagoa de Mira até Pedrógão, exclusive, no ponto em que a ribeira entre esta povoação e a de Casal Ventoso encontra a linha de baixa-mar, com as seguintes coordenadas: Latitude: 39° 55' 4" N.; longitude: 008° 57' 1" W.	Rio Mondego e rio Lavos e além da sua confluência até ao paralelo da marca do Pontão.	----	----
Nazaré	Desde Pedrógão, exclusive, no ponto em que a ribeira entre esta povoação e a de Casal Ventoso encontra a linha de baixa-mar, com as seguintes coordenadas: Latitude: 39° 55' 4" N.; longitude: 008° 57' 1" W. até à Pirâmide do Bouro.	Concha de S. Martinho do Porto, incluindo o rio Vau, até à ponte de passagem de Salir.	S. Martinho do Porto	Desde o monte do Facho até à Pirâmide do Bouro.
Peniche	Desde a Pirâmide do Bouro até à ponta da Foz (rio Sisandro) e as ilhas Berlengas.	Toda a lagoa de Óbidos.	----	----
Cascais	Desde a ponta da Foz (rio Sisandro) até à Torre de S. Julião da Barra, exclusive.	----	Ericeira	Desde a ponta da Foz (rio Sisandro) até ao Forte de Santa Maria (Ribeira do Vale).
Lisboa	Desde a Torre de S. Julião da Barra, inclusive, até ao paralelo 38 junto ao lugar de Galherão (Latitude 38° 31' 20" N).	Rio Tejo e seus braços até Vila Franca de Xira (esteiro do Dr. Nogueira, na margem Norte, e cabo de Vila Franca, na margem Sul); Rio Sorraia até à linha tirada da Pirâmide do Mouchão da Cabra; Rio Coina até à ponte.	Vila Franca de Xira. Barreiro--------- -- Trafaria--------- --	Rio Tejo, na margem sul, desde o cabo de Vila Franca até à foz do Sorraia, e, na margem Norte, desde o cais de Alhandra até Vila Franca de Xira (esteiro do Dr. Nogueira). Desde a foz do Rio Sorraia até ao Alfeite, inclusive. Do Alfeite, exclusive, para Oeste e a costa até ao paralelo junto ao lugar de Galherão Latitude 38° 31' 20" N.
Setúbal	Desde o paralelo junto ao lugar de Galherão Latitude 38° 31' 20" N até à foz da Ribeira das Fontainhas.	Rio Sado, desde a foz até à ponte de Alcácer do Sal; Rio Marateca até Zambujal.	Sesimbra	Desde o paralelo junto ao lugar de Galherão Latitude 38° 31' 20" N até Barbas de Cavalo.
Sines	Desde a foz da ribeira das Fontainhas até à foz da ribeira de Seixe, definida pela intersecção do curso da ribeira com a linha de baixa-mar, com as seguintes coordenadas: Latitude:37°26' 5" N.; longitude: 008° 47' 9" W	Rio Mira até à linha tirada do Casal de D. Soiero.	----	----

ANEXO
QUADRO N.º 1

Capitanias dos portos	Jurisdição — Na costa	Jurisdição — Nos portos, rios, rias e lagoas	Delegações marítimas	Jurisdição
Lagos	Desde a foz da ribeira de Seixe, definida pela intersecção do curso da ribeira com a linha de baixa-mar, com as seguintes coordenadas: Latitude: 37° 26' 5" N; longitude 008° 47' 9" W até à margem Oeste do Alvor.	Rio Aljezur até 3km da foz; ribeira de Bensafrim até à ponte.	Sagres	Desde a foz da ribeira de Seixe, definida pela intersecção do curso da ribeira com a linha de baixa-mar, com as seguintes coordenadas: Latitude: 37. 26' 5'' N.; Longitude: 008° 47' 9'' W., a té à foz da ribeira de Benacoitão, definida pela intersecção do curso da ribeira com a linha de baixa-mar, com as seguintes coordenadas: Latitude: 37° 02' 4" N.; longitude: 008° 53' 6" W
Portimão	Desde a margem Oeste do Rio Alvor até à foz da Ribeira de Quarteira.	Rio de Alvor e seus braços: Rio Arade até Silves, inclusive; Rio Odelouca até à ponte; Ribeira de Boina até ao porto de Vau; Ribeira do Farelo até ao Poço de Fuzeiro; Ribeira de Odiáxere até Vale de Lama.	Albufeira	Ribeira de Espiche até à foz da Ribeira da Quarteira.
Faro	Desde a foz da Ribeira de Quarteira até à Barra artificial do porto comum Faro-Olhão.	Ria de Faro e seus canais.	Quarteira	Desde a foz da Ribeira de Quarteira até à Barra do Ancão.
Olhão	Desde a artificial do porto comum Faro-Olhão até ao meridiano daCapela de Nossa Senhora do Livramento (Longitude: 007° 43' 7'' W.)	Ria de Olhão e seus canais até à Torre de Aires.	Fuzeta	Desde o enfiamento da Pirâmide do Cabeço pela Torre das Vinhas (azimute verdadeiro, 342°,5) até ao meridiano da Capela de Nossa Senhora do Livramento Longitude: 007° 43' 7" W
Tavira	Desde o meridiano da Capela de Nossa Senhora do Livramento (longitude: 007° 43' 7" W,) até ao meridiano da igreja de Cacela (longitude: 007° 32' 7" W).	Ria de Tavira, desde a Torre de Aires à barra de Cacela, esteiro e Rio de Tavira, desde a foz até à ponte de caminho de ferr	----	----
Vila Real de Santo António	Desde o meridiano da igreja de Cacela (Longitude: 007° 32' 7" W) até à foz do Rio Guadiana (fronteira).	Rio Guadiana até ao primeiro açude, a Norte de Mértola; esteiro da Carrasqueira até à estrada para Castro Marim; esteiro da Lezíria até à estrada para Castro Marim; esteiro de Castro Marim até Forte do Registo; esteiro do Francisco, em toda a extensão.	----	----
Funchal	Ilhas da Madeira, Porto Santo, Desertas e Selvagens.	----	Porto Santo	Na costa da Ilha de Porto Santo.

ANEXO
QUADRO N.º 1

Capitanias dos portos	Jurisdição Na costa	Jurisdição Nos portos, rios, rias e lagoas	Delegações marítimas	Jurisdição
Ponta Delgada	Ilha de S. Miguel	____	Ribeira Grande	Costa da Ilha, compreendida entre a Ponta da Ribeira e Ponta das Calhetas.
			Vila Franca do Campo	Costa da Ilha, compreendida entre a Ponta da Galera e Ponta da Ribeira (pelo Norte da Ilha).
Vila do Porto	Ilha de Santa Maria e Formigas.	____	____	____
Angra do Heroísmo	Ilha Terceira (desde a Ponta das Contendas até à Ponta da Vila Nova por Oeste) e Graciosa.	____	Santa Cruz (Ilha Graciosa)	A costa da ilha.
Praia da Vitória	Ilha Terceira (desde a Ponta da Vila Nova para Leste até à Ponta das Contendas).	____	____	____
Horta	Ilha do Faial, Pico e S. Jorge.	____	S. Roque (Ilha do Pico).	Desde o Porto Santo à Ponta de S. Mateus, por Oeste.
			Lajes (Ilha do Pico).	Desde a Ponta de S. Mateus ao Porto de Santo Amaro, por Este.
			Velas (Ilha de S. Jorge).	A costa da Ilha.
Santa Cruz (Ilha das Flores)	Ilha das Flores e Corvo.	____	____	____

Observações ao quadro n.º 1

Limite interior da área de jurisdição marítima em águas interiores, respectivos leitos e margens.

O limite interior das áreas de jurisdição marítima em águas interiores, respectivos leitos e margens é definido pelas seguintes normas:

1. Nos portos, rios, rias, esteiros e lagoas que se mencionam no quadro acima, da forma que nesse quadro se indica, entendendo-se que, no caso de cursos de água, o limite, especificado por um ponto na margem desse curso, é a perpendicular ao eixo do curso tirada pelo ponto indicado.

2. Nos casos não mencionados no quadro acima, pela linha recta que completa o limite da margem das águas do mar considerada ininterrupta através do corpo de água em consideração.

ANEXO
QUADRO N.º 2

Albufeira	AL
Âncora	AN
Angra do Heroísmo	AH
Aveiro	A
Barreiro	B
Caminha	C
Cascais	CS
Douro	P
Ericeira	E
Esposende	ES
Faro	F
Figueira da Foz	FF
Funchal	FN
Fuzeta	FZ
Horta	H
Lagos	LG
Lajes (ilha do Pico)	LP
Leixões	L
Lisboa	LX
Nazaré	N
Olhão	O
Peniche	PE
Ponta Delgada	PD
Portimão	PM
Porto Santo	PS
Póvoa de Varzim	PV
Quarteira	Q
Régua	RE
Ribeira Grande	RG
S. Martinho do Porto	SM
S. Roque (ilha do Pico)	SR
Sagres	AS
Santa Cruz (ilha das Flores)	SF
Santa Cruz (ilha Graciosa)	SG
Sesimbra	SB
Setúbal	S
Sines	SN
Tavira	T
Trafaria	TR

Velas (ilha de S. Jorge) _____ VE
Viana do Castelo _____ V
Vila do Conde _____ VC
Vila do Porto _____ VP
Vila Franca de Xira _____ VX
Vila Franca do Campo_____ VF
Vila da Praia da Vitória_____ VV
Vila Real de Santo António_____ VR

DIPLOMAS COMPLEMENTARES

DECRETO-LEI N.º 43/2002
de 2 Março

Define a organização e atribuições do sistema da autoridade marítima e cria a autoridade marítima nacional

As novas realidades e os novos desafios que se apresentam à segurança marítima, acompanhados pela evolução da regulamentação técnica internacional, comunitária e nacional, fizeram incidir a atenção dos Estados em matéria de segurança marítima, em geral, e de protecção do ecossistema marinho, em particular. Estas circunstâncias determinaram, ao longo do tempo, a necessidade de aperfeiçoamento e desenvolvimento dos conhecimentos e competências técnicas dirigidas, prioritáriamente, ao combate à criminalidade por via marítima e ao tráfico de estupefacientes, à salvaguarda da vida humana no mar e à defesa e preservação do meio marinho.

Consideradas a extensão da costa portuguesa, cuja vigilância importa assegurar de forma eficaz, e a situação geoestratégica de Portugal, que corresponde à confluência das mais importantes e movimentadas rotas marítimas internacionais, é exigível uma atenção acrescida tendo em vista a prevenção de situações potencialmente lesivas do interesse nacional e comunitário. Por outro lado, Portugal dispõe da segunda maior zona económica exclusiva da Europa, o que igualmente postula a existência de instrumentos susceptíveis de responder capazmente aos desafios daí resultantes.

Manifestando já estas e outras preocupações, o Governo aprovou as Resoluções do Conselho de Ministros n.ºs 185/96, de 28 de Novembro, e 84/98, de 10 de Julho, as quais apontaram no sentido da reavaliação global das características e tipos de entidades, órgãos ou serviços com responsabilidades no exercício da autoridade marítima, com especial incidência nos instrumentos de articulação e coordenação dos mesmos, com vista à melhoria da eficácia e operacionalidade da sua actuação.

No âmbito dessa reavaliação, é reconhecido especial relevo à intervenção gradual da Marinha nas denominadas «missões de interesse público», nomeadamente no campo da aplicação e verificação do cumprimento das leis e regulamentos marítimos, em espaços sob soberania ou jurisdição nacionais (entre outros, o controlo de navios, a fiscalização das pescas, o combate à poluição e repressão de outros ilícitos marítimos), cuja legitimação reside ainda no direito internacional, que lhe confere instrumentos para o combate ao narcotráfico, ao terrorismo e ao tráfico de pessoas. O presente diploma adere a essa lógica de consolidação dos meios institucionais e organizativos da Marinha como pilar essencial da autoridade marítima.

Das preocupações e objectivos apontados resulta a necessidade de reforçar a eficácia da Administração, donde releva a urgência em proceder à articulação de todas as entidades com intervenção e responsabilidades no espaço marítimo, entre outras, a autoridade marítima, as autoridades portuárias e organismos vocacionados para a protecção ambiental.

Adopta-se, assim, um novo conceito de sistema da autoridade marítima (SAM), assumindo carácter de transversalidade, passando a integrar todas as entidades civis e militares, com responsabilidades no exercício da autoridade marítima. Este novo SAM passará a dispor de meios de coordenação nacional de nível ministerial e de coordenação operacional de alto nível, que potenciarão uma nova dinâmica na conjugação de esforços, maximizando resultados no combate ao narcotráfico, na preservação dos recursos naturais, do património cultural subaquático e do ambiente e na protecção de pessoas e bens.

Igualmente importa potenciar as capacidades dos organismos e forças de segurança, por forma a concretizar os objectivos do Governo em matéria de combate ao tráfico ilícito de drogas, tal como definido na Resolução do Conselho de Ministros n.º 39/2001, de 9 de Abril, que aprova o Plano de Acção Nacional de Luta contra a Droga e a Toxicodependência, designadamente pela partilha de informação, planeamento de acções conjuntas no âmbito da vigilância das costas e espaços marítimos sob jurisdição nacional e celebração de protocolos de cooperação entre as várias entidades e órgãos que, em razão da matéria e do território, ali detêm responsabilidades.

Por fim, pela adopção do novo conceito de autoridade marítima nacional como parte integrante do SAM, criam-se condições de garantia de uma maior eficácia na utilização dos meios afectos à Marinha no exercício das actividades anteriormente enumeradas em actuação, singular ou conjunta, com outras entidades ou órgãos.

Foram ouvidos os órgãos de governo próprio das Regiões Autónomas.
Assim:
Nos termos da alínea *a)* do n.º 1 do artigo 198.º da Constituição, o Governo decreta, para valer como lei geral da República, o seguinte:

CAPÍTULO I
Princípios gerais

ARTIGO 1.º
Objecto

1 – O presente diploma cria o sistema da autoridade marítima (SAM), estabelece o seu âmbito e atribuições e define a sua estrutura de coordenação.

2 – É criada a Autoridade Marítima Nacional (AMN), como estrutura superior de administração e coordenação dos órgãos e serviços que, integrados na Marinha, possuem competências ou desenvolvem acções enquadradas no âmbito do SAM.

ARTIGO 2.º
Sistema da autoridade marítima

Por «SAM» entende-se o quadro institucional formado pelas entidades, órgãos ou serviços de nível central, regional ou local que, com funções de coordenação, executivas, consultivas ou policiais, exercem poderes de autoridade marítima.

ARTIGO 3.º
Autoridade marítima

Para efeitos do disposto no presente diploma, entende-se por **«autoridade marítima»** o poder público a exercer nos espaços marítimos sob soberania ou jurisdição nacional, traduzido na execução dos actos do Estado, de procedimentos administrativos e de registo marítimo, que contribuam para a segurança da navegação, bem como no exercício de fiscalização e de polícia, tendentes ao cumprimento das leis e regulamentos aplicáveis nos espaços marítimos sob jurisdição nacional.

ARTIGO 4.º
Espaços marítimos sob soberania ou jurisdição nacional

1 – Para efeitos do disposto no presente diploma, consideram-se **«espaços marítimos sob soberania nacional»** as águas interiores, o mar territorial e a plataforma continental.

2 – A Zona Económica Exclusiva (ZEE) é considerada espaço marítimo sob jurisdição nacional, onde se exercem os poderes do Estado no quadro da Convenção das Nações Unidas sobre o Direito do Mar.

ARTIGO 5.º
Zona contígua

O SAM exerce na zona contígua os poderes fixados na Convenção das Nações Unidas sobre o Direito do Mar, em conformidade com a legislação aplicável àquele espaço marítimo sob jurisdição nacional.

ARTIGO 6.º
Atribuições

1 – O SAM tem por fim garantir o cumprimento da lei nos espaços marítimos sob jurisdição nacional, no âmbito dos parâmetros de actuação permitidos pelo direito internacional e demais legislação em vigor.

2 – Para além de outras que lhe sejam cometidas por lei, são atribuições do SAM:

a) Segurança e controlo da navegação;
b) Preservação e protecção dos recursos naturais;
c) Preservação e protecção do património cultural subaquático;
d) Preservação e protecção do meio marinho;
e) Prevenção e combate à poluição;
f) Assinalamento marítimo, ajudas e avisos à navegação;
g) Fiscalização das actividades de aproveitamento económico dos recursos vivos e não vivos;
h) Salvaguarda da vida humana no mar e salvamento marítimo;
i) Protecção civil com incidência no mar e na faixa litoral;
j) Protecção da saúde pública;
k) Prevenção e repressão da criminalidade, nomeadamente no que concerne ao combate ao narcotráfico, ao terrorismo e à pirataria;
l) Prevenção e repressão da imigração clandestina;
m) Segurança da faixa costeira e no domínio público marítimo e das fronteiras marítimas e fluviais, quando aplicável,

CAPÍTULO II
Composição do sistema da autoridade marítima

ARTIGO 7.º
Organização

1 – Exercem o poder de autoridade marítima no quadro do SAM e no âmbito das respectivas competências as seguintes entidades:

a) Autoridade marítima nacional;
b) Polícia Marítima;
c) Guarda Nacional Républicana; .
d) Polícia de Segurança Pública;
e) Polícia Judiciária;

f) Serviço de Estrangeiros e Fronteiras;
g) Direcção-Geral das Pescas e Aquicultura;
h) Instituto da Água;
i) Instituto Portuário e dos Transportes Marítimos;
j) Autoridades portuárias;
k) Direcção-Geral da Saúde.

2 – O disposto no número anterior não prejudica o disposto na lei sobre as competências dos serviços e organismos das Regiões Autónomas dos Açores e da Madeira.

ARTIGO 8.º
Conselho Coordenador Nacional

1 – A coordenação nacional das entidades e órgãos integrantes do SAM é assegurada pelo Conselho Coordenador Nacional (CCN), composto pelos seguintes elementos:

a) Ministro da Defesa Nacional, que preside;
b) Ministro da Administração Interna;
c) Ministro da Segurança Social e do Trabalho;
d) Ministro da Justiça;
e) Ministro da Agricultura, do Desenvolvimento Rural e Pescas;
f) Ministro das Cidades, Ordenamento do Território e Ambiente;
g) Autoridade Marítima Nacional;
h) Chefe do Estado-Maior da Força Aérea;
i) Comandante-geral da Polícia Marítima;
j) Comandante-geral da Guarda Nacional Repúblicana;
k) Director nacional da Polícia de Segurança Pública;
l) Director nacional da Polícia Judiciária;
m) Director do Serviço de Estrangeiros e Fronteiras; .
n) Presidente do Instituto Portuário e dos Transportes Marítimos;
o) Director-Geral das Pescas e Aquicultura;
p) Director-Geral da Saúde;
r) Presidente do Instituto da Água.

2 – Integra ainda o CCN um representante de cada uma das Regiões Autónomas dos Açores e da Madeira, a nomear pelo presidente do respectivo Governo.

3 – Participa nas reuniões do CCN o membro do Governo responsável pela coordenação da política de combate à droga e à toxicodependência sempre que estiverem agendados assuntos com aquela relacionados.

4 – Podem ainda participar no CCN os membros do Governo que tutelem entidades ou órgãos que, não integrando o SAM, possuam competências específicas que se enquadrem nas atribuições previstas no artigo 6.º, n.º 2.

5 – Os membros do Governo poderão fazer-se representar.

6 – Ao CCN compete: :

a) Aprovar e emitir orientações para assegurar a articulação efectiva entre entidades e órgãos de execução do poder de autoridade marítima;

b) Definir metodologias de trabalho e acções de gestão que favoreçam uma melhor coordenação e mais eficaz acção das entidades e dos órgãos de execução do poder de autoridade marítima nos diversos níveis hierárquicos.

7 – O regulamento interno do CCN é aprovado por portaria dos membros do Governo previstos no n.º 1.

ARTIGO 9.º
Coordenação operacional e centralização de informação

1 – A coordenação operacional das entidades ou órgãos que exercem o poder de autoridade marítima no quadro do SAM é assegurada, a nível nacional, pelos respectivos dirigentes máximos.

2 – As entidades policiais que integram o SAM estão sujeitas ao regime de centralização de informação, de coordenação e intervenção conjunta, previsto no Decreto-Lei n.º 81/95, de 22 de Abril, no que respeita à actividade de combate ao narcotráfico.

ARTIGO 10.º
Regulamentação

A estrutura, organização, funcionamento e competências da AMN e dos órgãos e serviços nela integrados são aprovados por decreto-lei.

ARTIGO 11.º
Entrada em vigor

O presente diploma entra em vigor 30 dias após a data da sua publicação.

Visto e aprovado em Conselho de Ministros de 5 de Dezembro de 2001. – *António Manuel de Oliveira Guterres – Jaime José Matos da Gama – Guilherme d'Oliveira Martins – Rui Eduardo Ferreira Rodrigues Pena – Eduardo Luís Barreto Ferro Rodrigues – António Luís Santos Costa.*

Promulgado em 11 de Fevereiro de 2002.

Publique-se.

O Presidente da República, JORGE SAMPAIO.

Referendado em 14 de Fevereiro de 2002.

O Primeiro-Ministro, *António Manuel de Oliveira Guterres.*

DECRETO-LEI N.º 44/2002
de 2 Março

Estabelece no âmbito do sistema da autoridade marítima, as atribuições, a estrutura e a organização da autoridade marítima nacional e cria a Direcção-Geral da Autoridade Marítima.

O Decreto-Lei n.º 300/84, de 7 de Setembro, definiu o sistema da autoridade marítima como tendo por fim garantir o cumprimento da lei nos espaços marítimos sob soberania ou jurisdição nacional, estabelecendo ainda o respectivo sistema orgânico de nível central, regional e local.

A dimensão da costa portuguesa e a especificidade da sua Zona Económica Exclusiva, cuja vigilância importa assegurar de forma eficaz, e a confluência neste espaço das mais importantes e movimentadas rotas marítimas internacionais, para além da necessidade de reforço da prevenção de situações potencialmente lesivas do interesse nacional e comunitário, determinaram a adopção de um novo conceito de sistema da autoridade marítima, mais abrangente, cuja estrutura integra diversas entidades, órgãos e serviços.

Na sequência da nova filosofia de enquadramento das matérias relacionadas com a autoridade marítima, no quadro aprovado pelas Resoluções do Conselho de Ministros n.ºs 185/96, de 28 de Novembro, e 84/98, de 10 de Julho, e na sequência do disposto no Decreto-Lei n.º 43/2002, de 2 de Março, que cria o sistema da autoridade marítima, estabelece o seu âmbito e atribuições e define a sua estrutura de coordenação, importa proceder à definição da estrutura da autoridade marítima nacional, dos seus órgãos e serviços, designadamente pela criação da Direcção-Geral da Autoridade Marítima, que sucederá à Direcção-Geral de Marinha.

A Direcção-Geral da Autoridade Marítima, como organismo operativo da Autoridade Marítima Nacional, desenvolverá a sua actuação no novo quadro legal definido e em conformidade com as directrizes e orientações emitidas pelo recém-criado Conselho Coordenador Nacional do Sistema da Autoridade Marítima.

Foram ouvidos os órgãos de governo próprio das Regiões Autónomas.
Assim:

Nos termos da alínea *a)* do n.º 1 do artigo 198.º da Constituição, o Governo decreta, para valer como lei geral da República, o seguinte:

CAPÍTULO I
Autoridade marítima nacional

SECÇÃO I
Objecto e atribuições

ARTIGO 1.º
Objecto

1 –O presente diploma define, no âmbito do sistema da autoridade marítima (SAM), a estrutura, organização, funcionamento e competências da autoridade marítima nacional (AMN), dos seus órgãos e dos seus serviços;
2 –É criada, na estrutura da AMN, a Direcção-Geral da Autoridade Marítima (DGAM).

ARTIGO 2.º
Atribuições da autoridade marítima nacional

1 –A AMN é a entidade responsável pela coordenação das actividades, de âmbito nacional, a executar pela Marinha e pela DGAM, na área de jurisdição e no quadro do SAM, com observância das orientações definidas pelo Ministro da Defesa Nacional, devendo submeter a este a proposta do respectivo orçamento.
2 –O Chefe do Estado-Maior da Armada é, por inerência, a AMN.

SECÇÁO II
Estrutura da autoridade marítima nacional

ARTIGO 3.º
Estrutura da autoridade marítima nacional

1 – A AMN compreende os seguintes órgãos consultivos:
a) Conselho Consultivo (CCAMN);
b) Comissão do Domínio Público Marítimo (CDPM).
2 –Integra ainda a AMN a DGAM, como órgão central da AMN.

3 – A Polícia Marítima (PM) integra a estrutura operacional da AMN, nos termos previstos no presente diploma.

CAPÍTULO II
Órgãos consultivos

ARTIGO 4.º
Composição do Conselho Consultivo da Autoridade Marítima Nacional

1 – O CCAMN tem a seguinte composição:
   a) O director-geral da Autoridade Marítima, em representação da AMN, que preside;
   b) Um representante do Ministro dos Negócios Estrangeiros;
   c) Um representante do Ministro da Administração Interna;
   d) Um representante do Ministro da Segurança Social e do Trabalho;
   e) Um representante do Ministro da Justiça;
   f) Um representante do Ministro da Agricultura, Desenvolvimento Rural e Pescas;
   g) Um representante do Ministro das Cidades, Ordenamento do Território e Ambiente;
   h) Um representante do Estado-Maior da Armada;
   i) Um representante do Instituto Hidrográfico.

2 – O CCAMN, quando reunido no âmbito e para os efeitos do disposto no Plano Mar Limpo, aprovado pela Resolução do Conselho de Ministros n.º 25/93, de 15 de Abril, incluirá ainda:
   a) Um representante do Ministro das Finanças;
   b) Um representante do Ministro da Economia;
   c) Um representante do Ministro da Saúde;
   d) Um perito de combate à poluição marítima da DGAM.

3 – Sempre que o CCAMN reúna para apreciação de matérias relacionadas com as Regiões Autónomas integra ainda um representante do respectivo Governo regional.

4 – O presidente do CCAMN é substituído nas suas faltas, ausências ou impedimentos pelo subdirector-geral da Autoridade Marítima.

5 – Podem ser convidadas a participar nas reuniões do CCAMN, de acordo com as matérias em discussão, outras entidades, sem direito a voto.

6 – O secretário do CCAMN, sem direito a voto, é nomeado pelo seu presidente.

ARTIGO 5.º
Competência do Conselho Consultivo da Autoridade Marítima Nacional

1 – O CCAMN é o órgão de consulta da AMN sobre matérias relacionadas com as suas atribuições.

2 – Compete ao CCAMN:

a) Pronunciar-se sobre matérias que incidam sobre a autoridade marítima e, quando solicitado, sobre o quadro e âmbito de intervenção dos órgãos regionais e locais da DGAM;

b) Proceder à análise de questões de índole técnica, a solicitação da AMN;

c) Emitir recomendações no âmbito do exercício da autoridade marítima;

d) Estabelecer, no âmbito da AMN, parâmetros de articulação entre os seus órgãos e serviços;

e) Emitir parecer, aplicar medidas e fixar as coimas, nos termos do disposto no Decreto-Lei n.º 235/2000, de 26 de Setembro.

3 – Compete ainda ao CCAMN emitir pareceres e exercer os demais poderes no âmbito do Plano Mar Limpo.

4 – O regulamento interno do CCAMN é aprovado por despacho do Ministro da Defesa Nacional, sob proposta da AMN, ouvidos os seus membros.

ARTIGO 6.º
Comissão do Domínio Público Marítimo

1 – À CDPM compete o estudo e emissão de parecer sobre os assuntos relativos à utilização, manutenção e defesa do domínio público marítimo.

2 – A CDPM é presidida por um oficial general da Armada, na situação de activo ou reserva, a nomear por despacho do Ministro da Defesa Nacional, sob proposta da AMN.

3 – A CDPM integra representantes das entidades públicas que detenham responsabilidades ou competências no âmbito da utilização, conservação e defesa do domínio público marítimo, a nomear por despacho do membro do Governo respectivo.

4 – Os membros da CDPM têm direito a senhas de presença, nos termos a fixar no regulamento previsto no n.º 7.

5 – O presidente da CDPM poderá convidar para participar nos trabalhos personalidades com responsabilidade em determinadas matérias ou áreas geográficas, cujo contributo seja considerado necessário para a discussão dos assuntos em agenda.

6 – A CDPM reúne:

a) Ordinariamente, nos termos da calendarização a fixar no regulamento previsto no n.º 7;

b) Extraordinariamente, a convocação do seu presidente, para apreciação de matérias constantes da agenda de trabalhos previamente distribuída.

7 – O regulamento interno da CDPM, que estabelece a composição, funcionamento e demais regras procedimentais, é aprovado por portaria do Ministro da Defesa Nacional, sob proposta da AMN.

CAPÍTULO III
Direcção-Geral da Autoridade Marítima

SECÇÃO I
Natureza e estrutura

ARTIGO 7.º
Natureza

A DGAM é o serviço, integrado no Ministério da Defesa Nacional através da Marinha, dotado de autonomia administrativa, responsável pela direcção, coordenação e controlo das actividades exercidas no âmbito da AMN.

ARTIGO 8.º
Estrutura

1 – A DGAM depende directamente da AMN e tem os seguintes órgãos centrais:
   a) O director-geral da Autoridade Marítima;
   b) O conselho administrativo (CA).

2 – A DGAM compreende os seguintes órgãos e serviços:
   a) Serviços centrais;
   b) Departamento Marítimo do Norte;
   c) Departamento Marítimo do Centro;
   d) Departamento Marítimo do Sul;
   e) Departamento Marítimo dos Açores;
   f) Departamento Marítimo da Madeira;
   g) Capitanias dos portos.

3 – Os departamentos marítimos e as capitanias dos portos são, respectivamente, órgãos regionais e locais da DGAM.

4 – Integram ainda a estrutura da DGAM o Instituto de Socorros a Náufragos, a Direcção de Faróis e a Escola da Autoridade Marítima, nos termos da legislação aplicável.

5 – A estrutura e as competências dos serviços centrais da DGAM são aprovadas por decreto regulamentar, que fixará a orgânica e funcionamento, bem como as áreas de jurisdição, dos departamentos marítimos e das capitanias dos portos.

SECÇÃO II
Director-geral da Autoridade Marítima

ARTIGO 9.º
Competências

1 – Compete ao director-geral da Autoridade Marítima, para além das competências legalmente conferidas aos directores-gerais, o seguinte:
   a) Dirigir e coordenar os serviços centrais, regionais e locais integrados na DGAM, de acordo com as directivas da AMN;
   b) Representar a DGAM, para todos os efeitos legais;
   c) Presidir ao CA;
   d) Presidir ao CCAMN.

2 – O director-geral da Autoridade Marítima é coadjuvado por um subdirector-geral.

3 – O director-geral e o subdirector-geral da Autoridade Marítima são, por inerência de funções, o comandante-geral e o 2.º comandante-geral da PM, respectivamente.

SECÇÃO III
Conselho administrativo

ARTIGO 10.º
Estrutura e competências

1 – O CA é constituído pelo director-geral da Autoridade Marítima, que preside, pelo subdirector-geral da Autoridade Marítima e por um segundo vogal a nomear pelo seu presidente.

2 – Ao CA incumbe, como órgão deliberativo, zelar pela boa utilização dos recursos financeiros atribuídos ou cobrados pela DGAM e seus órgãos ou serviços, bem como a gestão e a conservação do acervo de bens patrimoniais que lhe estão afectos.

3 – Compete ao CA, para além das competências legalmente cometidas:

a) Promover e orientar a elaboração dos planos financeiros;
b) Promover e orientar a elaboração da proposta orçamental da DGAM e acompanhar a sua execução;
c) Autorizar a adjudicação e contratação de estudos, obras, trabalhos, serviços e fornecimentos indispensáveis ao funcionamento da DGAM;
d) Autorizar as despesas, nos termos e até aos limites legalmente estabelecidos, e verificar e visar o seu processamento;
e) Promover a arrecadação de receitas, proceder à verificação dos fundos em cofre e em depósito e fiscalizar a escrituração da contabilidade;
f) Superintender na organização da conta anual de gerência da DGAM e proceder à sua aprovação, a fim de ser remetida ao Tribunal de Contas;
g) Autorizar os actos de aquisição e alienação, bem como os de administração relativos ao património;
h) Autorizar a venda de material considerado inútil ou desnecessário, de acordo com a legislação em vigor.

4 – O CA reúne por convocação do seu presidente ou por solicitação dos vogais.

5 – O CA pode delegar competências no seu presidente.

6 – Em casos de falta, ausência ou impedimento dos membros do CA, a sua substituição faz-se pela seguinte forma:
a) O presidente pelo primeiro vogal;
b) O primeiro vogal pelo segundo vogal;
c) O segundo vogal por funcionário ou militar da DGAM a designar pelo presidente.

SECÇÃO IV
Órgãos regionais e locais da Direcção-Geral da Autoridade Marítima

ARTIGO 11.º
Departamentos marítimos

1 – Os departamentos marítimos são órgãos regionais da DGAM aos quais compete, nos espaços marítimos sob sua jurisdição, coordenar e apoiar as acções e serviço das capitanias.

2 – Os departamentos marítimos são dirigidos pelos respectivos chefes de departamento, hierarquicamente dependentes do director-geral da Autoridade Marítima.

3 – Compete aos chefes dos departamentos marítimos:
a) Assegurar o cumprimento das disposições relativas à AMN;

b) Coordenar e controlar as actividades das capitanias dos portos;
c) Exercer os demais poderes conferidos por lei.
3 – Os chefes dos departamentos marítimos são, por inerência, comandantes regionais da PM.

ARTIGO 12.º
Capitanias dos portos

1 – As capitanias dos portos asseguram, nos espaços marítimos sob sua jurisdição, a execução das actividades que incumbem aos respectivos departamentos marítimos.
2 – As capitanias são dirigidas por capitães dos portos, hierarquicamente dependentes dos respectivos chefes de departamento marítimo.
3 – Integram a estrutura das capitanias as delegações marítimas, como extensões territoriais daquelas, chefiadas por adjuntos dos capitães dos portos, nomeados pela AMN.
4 – Os capitães dos portos podem delegar ou sub-delegar competências de carácter administrativo nos adjuntos que prestem serviço nas delegações marítimas.
5 – Os capitães dos portos são, por inerência, comandantes locais da PM.

ARTIGO 13.º
Competências do capitão do porto

1 – O capitão do porto é a autoridade marítima local a quem compete exercer a autoridade do Estado, designadamente em matéria de fiscalização, policiamento e segurança da navegação, de pessoas e bens, na respectiva área de jurisdição, nos termos dos números seguintes.
2 – Compete ao capitão do porto, no exercício de funções de autoridade marítima:
a) Coordenar e executar acções de fiscalização e vigilância que se enquadrem no seu âmbito e área de jurisdição, nos termos da lei;
b) Exercer as competências que lhe são cometidas no âmbito da lei de segurança interna;
c) Dirigir operacionalmente, enquanto responsável de protecção civil, as acções decorrentes das competências que, neste âmbito, lhe estão legalmente cometidas, em cooperação com outras entidades e sem prejuízo das competências da tutela nacional da protecção civil;
d) Proceder a inquérito em caso de sinistros marítimos e, relativamente aos acidentes que envolvam feridos ou mortos, efectuar as diligências processuais

necessárias, sob direcção da competente autoridade judiciária, sem prejuízo da investigação técnica de acidentes pelo IPTM;

e) Efectuar a investigação da ocorrência em caso de naufrágios e proceder de acordo com o estipulado na legislação do registo civil;

f) Receber os relatórios e protestos de mar apresentados pelos comandantes das embarcações nacionais, comunitárias e de países terceiros e proceder à respectiva instrução processual, de acordo com o estabelecido em legislação própria;

g) Promover tentativas de conciliação nas matérias especialmente previstas na lei dos tribunais marítimos;

h) Verificar, imediatamente antes da largada de navios ou embarcações, a existência e conformidade dos documentos exigidos pela legislação em vigor para o efeito e emitidos pelas autoridades portuárias, sanitárias, alfandegárias, fiscais e policiais, sem prejuízo da visita e da verificação documental sempre que ocorram suspeitas de infracções de natureza penal ou contra – ordenacional, a fim de ser emitido despacho de largada;

i) Determinar a detenção de embarcações, nos casos legalmente previstos, designadamente no Decreto-Lei n.º 195/98, de 10 de Julho;

j) Impedir a saída das embarcações que tenham praticado ilícito penal ou contra -ordenacional enquanto não prestarem a caução que lhes tenha sido imposta nos termos legais;

k) Exercer a autoridade de Estado a bordo de navios ou embarcações comunitários e estrangeiros, observados os requisitos preceituados no artigo 27.º da Convenção das Nações Unidas sobre o Direito do Mar, quando se verifiquem alterações da ordem pública, ocorrência de indícios criminais ou quando os mesmos se encontrem sem capitão ou em processo de abandono;

l) Fiscalizar o cumprimento das normas legais relativas às pescas.

3 – Compete ao capitão do porto, no âmbito do salvamento e socorro marítimos:

a) Prestar o auxílio e socorro a náufragos e a embarcações, utilizando os recursos materiais da capitania ou requisitando-os a organismos públicos e particulares se tal for necessário;

b) Superintender as acções de assistência e salvamento de banhistas nas praias da área da sua capitania.

4 – Compete ao capitão do porto, no exercício de funções no âmbito da segurança da navegação:

a) Estabelecer, quanto a navios comunitários e estrangeiros, formas de acesso ao mar territorial ou sua interdição, em cooperação com a Autoridade de Controlo de Tráfego Marítimo;

b) Determinar o fecho da barra, por imperativos decorrentes da alteração da ordem pública e, ouvidas as autoridades portuárias, com base em razões respeitantes às condições de tempo e mar;

c) Cumprir as formalidades previstas na lei quanto a embarcações que transportam cargas perigosas e fiscalizar o cumprimento dos normativos aplicáveis, bem como as medidas de segurança para a sua movimentação nos portos;

d) Estabelecer fundeadouros fora das áreas de jurisdição portuária;

e) Emitir parecer sobre fundeadouros que sejam estabelecidos na área de jurisdição portuária, no caso de cargas perigosas;

f) Emitir parecer sobre dragagens e fiscalizar o cumprimento do estabelecido quanto à sua execução, sem prejuízo das competências específicas das autoridades portuárias e de se dever assegurar permanentemente a plena acessibilidade às instalações militares sediadas na área de jurisdição portuária;

g) Publicar o edital da capitania, enquanto conjunto de orientações, informações e determinações no âmbito das competências que lhe estão legalmente cometidas, tendo em conta as atribuições das autoridades portuárias;

h) Publicar avisos à navegação quanto a actividades ou acontecimentos nos espaços marítimos sob soberania ou jurisdição nacional, bem como promover a divulgação dos que sejam aplicáveis na área de jurisdição portuária, sem prejuízo das competências específicas do Instituto Hidrográfico;

i) Garantir o assinalamento marítimo costeiro, em articulação com a Direcção de Faróis;

j) Dar parecer técnico em matéria de assinalamento marítimo na área de jurisdição portuária;

k) Coordenar as acções de combate à poluição, nos termos definidos no Plano Mar Limpo;

l) Executar os procedimentos previstos em lei especial sobre embarcações de alta velocidade (EAV), competindo-lhe, ainda, a fiscalização do cumprimento dos normativos aplicáveis e a instrução processual dos ilícitos;

m) Promover, sem prejuízo das competências específicas das autoridades portuárias e ambientais, as acções processuais e operacionais necessárias ao assinalamento e remoção de destroços de embarcações naufragadas ou encalhadas, quando exista perigo de poluição marítima, perigo para a segurança da navegação ou coloquem dificuldades à entrada e saída de navios dos portos;

n) Conceder autorizações especiais para a realização de eventos de natureza desportiva ou cultural que ocorram em zonas balneares ou áreas de jurisdição marítima.

5 – Compete ao capitão do porto, no exercício de funções de carácter técnico-administrativo:

a) Fixar a lotação de segurança de embarcações nacionais do tráfego local;

b) Confirmar no original do Rol de Tripulação a sua recepção, nos termos do RIM; (Cfr. n.º2 do art.º 5.º do Anexo V do D/L 280/01, de 23OUT)

c) Emitir licenças para exercício e exploração de actividades marítimo-turísticas de embarcações, dar parecer sobre emissão de licenças especiais e fiscalizar o seu cumprimento, nos termos da legislação aplicável; (Cfr. D/L 21/02, de 31JAN, com alterações do D/L 269/03 de 28OUT)

d) Efectuar a visita e verificação documental a todos os tipos de embarcações, conferindo o manifesto de carga, o rol de tripulação, a lista de passageiros, os documentos de certificação da embarcação e os demais papéis de bordo, nos casos estabelecidos legalmente;

e) Efectuar as vistorias relativas a reboque de embarcações nacionais que demandem ou larguem de portos na área da capitania;

f) Presidir a comissões de vistoria em matéria de estabelecimentos de culturas marinhas, de acordo com o estabelecido em lei especial.

6 – Compete ao capitão do porto, no âmbito do registo patrimonial de embarcações:

a) Efectuar o registo de propriedade de embarcações nacionais, assim como o cancelamento, reforma e alteração de registo, de acordo com o estabelecido legalmente, nomeadamente em matéria de registo de bens móveis e náutica de recreio;

b) Efectuar a inscrição marítima, determinar a sua suspensão e cancelamento, emitir, renovar e reter a cédula de inscrição marítima, manter actualizados todos os registos relativos às carreiras, cédulas marítimas e embarques de marítimos, nos termos do RIM em vigor;

c) Assinar, rubricar ou autenticar, conforme os casos, os certificados, livros, autos, termos, certidões, cópias ou outros documentos pertencentes a embarcações nacionais ou ao serviço da capitania cuja emissão caiba no âmbito das atribuições legais dos órgãos regionais ou locais da DGAM.

d) Conceder licenças para praticar actos de acordo com o estabelecido na tabela de serviços prestados pelos órgãos regionais ou locais da DGAM ou em legislação especial;

e) Promover a cobrança de receitas cuja competência esteja legalmente cometida à DGAM;

f) Determinar o abate, nas condições previstas legalmente, decorrente da autorização da demolição ou da determinação de desmantelamento de embarcações.

7 – Compete ao capitão do porto, no âmbito contra – ordenacional:

a) Levantar autos de notícia e instruir processos por ilícitos contra – ordenacionais nas matérias para as quais a lei lhe atribua competência, determinar o estabelecimento de cauções e aplicar medidas cautelares, coimas e sanções acessórias;

b) Instruir os processos contra – ordenacionais por ilícitos cometidos em matéria de esquemas de separação de tráfego (EST) e aplicar coimas e sanções acessórias.

8 – Compete ao capitão do porto, no âmbito da protecção e conservação do domínio público marítimo e da defesa do património cultural subaquático:

a) Fiscalizar e colaborar na conservação do domínio público marítimo, nomeadamente informando as entidades administrantes sobre todas as ocupações e utilizações abusivas que nele se façam e desenvolvam;

b) Dar parecer sobre processos de construção de cais e marinas, bem como de outras estruturas de utilidade pública e privada que se projectem e realizem na sua área de jurisdição;

c) Dar parecer sobre os processos de delimitação do domínio público hídrico sob jurisdição da AMN;

d) Fiscalizar e promover as medidas cautelares que assegurem a preservação e defesa do património cultural subaquático, sem prejuízo das competências legalmente atribuídas a outros órgãos de tutela;

e) Publicar os editais de praia, estabelecendo os instrumentos de regulamentação conexos com a actividade balnear e a assistência aos banhistas nas praias, designadamente no respeitante a vistorias dos apoios de praia.

9 – Compete ao capitão do porto, no âmbito da pesca, da aquicultura e das actividades conexas, executar as competências previstas em legislação específica.

10 – Compete ainda ao capitão do porto exercer as demais competências previstas em leis especiais.

ARTIGO 14.º
Natureza dos actos

1 – A verificação efectuada nos termos da alínea *h)* do n.º 2 do artigo 13.º equivale, para todos os efeitos, inclusive de cobrança de taxas por serviços prestados, à declaração da autoridade marítima prevista no artigo 145.º do Decreto-Lei *n.º* 265/72, de 2 de Julho; e no Decreto-Lei *n.º* 325/73, de 2 de Julho, sem prejuízo das competências do IPTM e das autoridades portuárias em matéria de segurança marítima e portuária dos navios e embarcações.

2 – Salvo o disposto em legislação especial, dos actos praticados pelo capitão do porto ao abrigo do disposto nos n.ºˢ 2, 4 e 5 do artigo anterior cabe recurso contencioso.

SECÇÃO IV
Polícia Marítima

ARTIGO 15.º
Polícia Marítima

1 – A PM é uma força policial armada e uniformizada, dotada de competência especializada nas áreas e matérias legalmente atribuídas ao SAM e composta por militares da Marinha e agentes militarizados.

2 – O pessoal da PM rege-se por estatuto próprio, a aprovar por decreto-lei.

3 – São órgãos de comando próprio da PM:

a) O comandante-geral;
b) O 2.° comandante-geral;
c) Os comandantes regionais;
d) Os comandantes locais.

4 – Os órgãos de comando da PM são autoridades policiais e de polícia criminal.

5 – O Comando-Geral da PM dispõe de um estado-maior, cuja estrutura orgânica e competências será aprovada por decreto-lei.

SECÇÃO V
Funcionamento

ARTIGO 16.°
Receitas e despesas

1 – Para além das verbas que lhe forem atribuídas pelo Orçamento do Estado, constituem receitas da DGAM:

a) O produto resultante da venda de bens ou serviços;

b) O produto resultante da percentagem das coimas aplicadas que, nos termos legais, cabem aos órgãos e serviços da DGAM;

c) O produto das taxas cobradas pela emissão de licenças;

d) Donativos, heranças ou legados ou a outro título;

e) Subsídios que lhe sejam atribuídos por qualquer entidade, nacional ou estrangeira;

f) As demais receitas cobradas, nos termos da lei, pelos órgãos ou serviços da DGAM.

2 – As receitas arrecadadas pelos órgãos ou serviços da DGAM são aplicadas mediante a inscrição orçamental «Dotação com compensação em receita».

ARTIGO 17.°
Representação da autoridade marítima nacional

A representação da AMN ou de qualquer dos seus órgãos e serviços em outros organismos será determinada por despacho do Ministro da Defesa Nacional, sob proposta da AMN.

SECÇÃO VI
Pessoal

ARTIGO 18.º
Provimento de pessoal dirigente

1 – O director-geral da Autoridade Marítima é um vice-almirante nomeado por despacho do Ministro da Defesa Nacional, por proposta da AMN.

2 – O subdirector-geral da Autoridade Marítima é nomeado, por despacho do Ministro da Defesa Nacional, por proposta da AMN, de entre os contra-almirantes da classe de marinha.

3 – Os chefes dos departamentos marítimos são contra-almirantes ou capitães-de-mar-e-guerra da classe de marinha nomeados pela AMN.

4 – Os capitães dos portos são oficiais superiores da classe de marinha nomeados pela AMN.

5 – O provimento dos restantes lugares de pessoal dirigente da DGAM é efectuado nos termos do estatuto do pessoal dirigente da função pública.

ARTIGO 19.º
Pessoal não dirigente

1 – O quadro de pessoal civil dos órgãos e serviços da DGAM é fixado por portaria dos Ministros das Finanças, da Defesa Nacional e da Reforma do Estado e da Administração Pública.

2 – O provimento dos lugares de pessoal civil não dirigente dos órgãos e serviços da DGAM é feito nos termos do regime jurídico da função pública.

CAPÍTULO IV
Disposições transitórias e finais

ARTIGO 20.º
Disposições transitórias

1 – A DGAM sucede, para todos os efeitos legais, à Direcção – Geral de Marinha.

2 – Todas as referências legais feitas à Direcção – Geral de Marinha e ao conselho consultivo do SAM devem entender-se como sendo feitas, respectivamente, à DGAM e ao CCAMN.

3 – Os oficiais que à data de entrada em vigor do presente diploma desempenhem o cargo de delegado marítimo passam a desempenhar as funções de adjunto do capitão do porto, nos termos previstos no presente diploma.

ARTIGO 21.º
Cooperação institucional

1 – Para os efeitos do disposto no artigo 13.º, n.ºs 2 e 4, as autoridades marítimas e portuárias promovem todos os esforços no sentido de garantir a eficácia da actividade portuária e a segurança de pessoas e bens, adoptando, sempre que se revelar necessário, medidas de cooperação, coordenação e controlo por forma a simplificar e acelerar procedimentos, podendo socorrer-se da utilização de meios informáticos para o efeito.

2 – Em observância do disposto no número anterior, os procedimentos a adoptar na verificação e o conteúdo do despacho de largada de navios ou embarcações previstos no artigo 13.º, n.º, alínea h), são aprovados por despacho conjunto dos Ministros da Defesa Nacional e da Segurança Social e do Trabalho.

ARTIGO 22.º
Extinção de órgãos e serviços

1 – É extinta a Comissão para o Estudo e Aproveitamento do Leito do Mar.
2 – É extinto o cargo de delegado marítimo.

ARTIGO 23.º
Disposição revogatória

1 – É revogado o Decreto-Lei n.º 300/84, de 7 de Setembro, os artigos 1.º, n.º 2,7º,10.º e 11º do Decreto-Lei n.º 265/72, de 31 de Julho, e o Decreto-Lei n.º 17/87, de 10 de Janeiro, e demais normas que contrariem o disposto no presente diploma.

2 – Até à entrada em vigor da regulamentação prevista no presente diploma, mantêm-se em vigor todas as disposições legais correspondentes, desde que não contrariem o disposto no presente diploma.

ARTIGO 24.º
Entrada em vigor

O presente diploma entra em vigor 30 dias após a data da sua publicação.

Visto e aprovado em Conselho de Ministros de 5 de Dezembro de 2001. – – *António Manuel de Oliveira Guterres – Jaime José Matos da Gama – Guilherme d'Oliveira Martins – Rui Eduardo Ferreira Rodrigues Pena – Henrique Nuno Pires Severiano Teixeira – Eduardo Luís Barreto Ferro Rodrigues – Eduardo Arménio do Nascimento Cabrita – Luís Garcia Braga da Cruz – Luís Manuel Capoulas Santos – António Fernando Correia de Campos – José Sócrates Carvalho Pinto de Sousa – Augusto Ernesto Santos Silva – Alberto de Sousa Martins.*

Promulgado em 11 de Fevereiro de 2002.

Publique-se.

O Presidente da República, JORGE SAMPAIO.

Referendado em 14 de Fevereiro de 2002.

O Primeiro-Ministro, *António Manuel de Oliveira Guterres.*

DECRETO-LEI N.º 45/2002
de 2 Março

Estabelece o regime das contra-ordenações a aplicar nas áreas sob jurisdição da autoridade marítima nacional.

No quadro da reestruturação do novo sistema da autoridade marítima, com vista a conferir uma maior eficácia à autoridade exercida pelo Estado em matérias de enorme importância estratégica, como sejam a preservação do meio marinho, a salvaguarda da vida humana no mar e a segurança da navegação, foi readaptado o perfil de competências cometidas aos vários organismos com intervenção nestes espaços, tipificando-se o âmbito específico de actuação, em razão da matéria e da área territorial.

A aprovação dos novos quadros de competências terá o de corresponder uma reestruturação de regimes contra-ordenacionais que permitam, com actualidade e eficácia, dotar aquelas entidades dos instrumentos necessários ao cumprimento e exercício efectivo dos poderes alicerçados em princípios de celeridade e de cooperação institucional entre estas entidades e organismos que integram o novo sistema da autoridade marítima.

Por outro lado, os vários regimes de ilícitos de mera ordenação social de especialidade, que ao longo de várias décadas foram sendo publicados, em matérias que actualmente se inscrevem nas prioridades do sistema da autoridade marítima e que têm cometido às capitanias dos portos os poderes vários de fiscalização, de instrução e de decisão processual, apresentam notórias situações de omissão legislativa, as quais evidenciam fragilidade no plano de actuação da autoridade pública, que urge colmatar.

Importa, pois, com actualidade e rigor, dotar os órgãos locais da Direcção-Geral da Autoridade Marítima com os imprescindíveis mecanismos de poder público necessários ao exercício da autoridade do Estado nas áreas de jurisdição marítima nacional, evitando-se situações de vazio legal, conferindo, desta forma, uma maior eficácia à actuação daquele organismo, integrante da estrutura da autoridade marítima nacional.

Assim:

Nos termos da alínea *a)* do n.º 1 do artigo 198.º da Constituição, o Governo decreta, para valer como lei geral da República, o seguinte:

ARTIGO 1.º
Objecto e âmbito

1 – O presente diploma estabelece o regime das contra-ordenações a aplicar nos casos dos ilícitos ocorridos nas áreas sob jurisdição da autoridade marítima nacional (AMN), incluindo ilícitos que ocorram em terrenos do domínio público marítimo, por violação das leis e regulamentos marítimos aplicáveis naquelas áreas, quaisquer que sejam os seus agentes.

2 – O disposto no número anterior não prejudica o disposto na lei sobre as competências específicas das autoridades portuárias nas respectivas áreas de jurisdição.

ARTIGO 2.º
Definições

Para efeitos do presente diploma entende-se por:

a) «Capitanias dos portos» os órgãos locais da Direcção-Geral da Autoridade Marítima, integrada na autoridade marítima nacional;

b) «Áreas sob jurisdição da AMN» todas as águas interiores sujeitas à sua jurisdição nos termos legalmente previstos, a faixa de terreno do domínio público marítimo nesta jurisdição incluída, o mar territorial e, em conformidade com as disposições da Convenção das Nações Unidas sobre o Direito do Mar, de 10 de Dezembro de 1982, a zona contígua, a zona económica exclusiva e a plataforma continental;

c) «Áreas sob jurisdição portuária» as áreas que se encontrem sob jurisdição das autoridades portuárias, nos termos estabelecidos nos respectivos diplomas estatutários.

ARTIGO 3.º
Conceito

1 – Constitui contra-ordenação todo o facto censurável resultante da prática de actos contrários ao estabelecido nas leis e regulamentos, aplicáveis nas áreas sob jurisdição da autoridade marítima nacional, que possam fazer perigar a segurança de pessoas e bens, da navegação, o regular funcionamento dos portos ou que provoquem danos no património público.

2 – Constituem ainda contra-ordenação os factos que ofendam ou contrariem os normativos ou determinações específicas do capitão do porto, que possam contribuir para a degradação do meio marinho e dos bens que integram o domínio público marítimo, ou causar prejuízo a outras actividades que se desenvolvam nas áreas sob jurisdição da AMN, bem como quaisquer actos que violem as obrigações decorrentes dos regimes legais do registo, inscrição e identificação marítima.

3 – Se o mesmo facto constituir, simultaneamente, crime e contra-ordenação, será o agente punido a título de crime, sem prejuízo das sanções acessórias especificamente previstas para a contra-ordenação.

ARTIGO 4.º
Contra-ordenações e coimas

1 – Constitui contra-ordenação punível com coima de € 2200 a € 3700:

a) Não observar, ou cumprir deficientemente, as determinações do capitão do porto no que respeita ao acesso ao mar territorial ou sua interdição ou quaisquer outras determinações em matéria de navegação naquele espaço marítimo;

b) Abandonar destroços de navios, seja em resultado de sinistro seguido de abandono forçado ou em caso de encalhe, não observando as determinações do capitão do porto;

c) Não acatar a determinação do fecho da barra, salvo casos de força maior;

d) Sair do porto sem possuir o respectivo despacho de largada do navio ou embarcação;

e) Efectuar quaisquer manobras que afectem o regular funcionamento do porto, suas entradas ou saídas, ou praticar actos tendentes a colocar obstáculos às vias navegáveis;

f) Impedir ou adoptar medidas que constituam obstáculos ao direito de visita dos agentes da Polícia Marítima (PM) ou ao acesso de equipas de vistoria aos navios ou embarcações;

g) Não cumprir as determinações do capitão do porto em acções de salvamento e socorro marítimo ou de protecção civil em caso de recusa de cedência de navio, embarcação ou equipamento cuja utilização se revele fundamental para o cumprimento daquelas missões;

h) Não acatar a decisão de detenção de navio ou embarcação por parte do capitão do porto ou da ordem de recusa de acesso e permanência no porto ou em área de jurisdição marítima;

i) Fundear fora das áreas que forem determinadas pelo capitão do porto;

j) Efectuar quaisquer trabalhos de pesquisa, prospecção ou exploração ou ainda instalar quaisquer infra-estruturas, equipamentos, cabos ou ductos submarinos na plataforma continental, sem autorização ou licenciamento das autoridades competentes;

k) Instalar ou explorar quaisquer sistemas de produção de energia nas áreas de jurisdição da AMN sem a respectiva autorização, licenciamento ou concessão, ou em violação dos seus termos.

2 – Constitui contra-ordenação punível com coima, de € 400 a € 2500:

a) Construir quaisquer edificações ou colocar objectos, equipamentos ou bens em áreas de servidão de assinalamento marítimo, ou em espaços especificamente afectos a imóveis ou equipamentos de sinalização marítima, bem como praticar quaisquer actos que possam interferir com o seu acesso ou utilização;

b) Não observar as determinações constantes do edital da capitania, designadamente em matéria de avisos aos navegantes, comunicações e sinistros;

c) Lançar dragados ou depositar detritos em áreas não autorizadas;

d) Não colaborar com o capitão do porto em processo de averiguação ao relatório de mar apresentado não permitindo, designadamente, a deslocação ou presença de tripulantes para recolha de declarações;

e) Não participar à capitania do porto a ocorrência de sinistro marítimo na área de jurisdição marítima, ainda que tenha sido comunicado a outras entidades;

f) Não participar à capitania do porto a existência de destroços, embarcações naufragadas ou encalhadas, estacas ou quaisquer outros obstáculos artificiais ou naturais que possam colocar em perigo a segurança da navegação;

g) Utilizar indevidamente ou adulterar o nome, marcações, caracteres de identificação de navios ou embarcações;

h) Não observar as condições de segurança estabelecidas sobre o acesso a bordo de navios ou embarcações e a pontões, designadamente colocação de pranchas, redes de protecção e iluminação do local;

i) Lançar fogo-de-artifício, foguetes, efectuar disparos ou emitir quaisquer outros sinais que possam ser confundidos com sinais de alarme ou socorro sem licença da respectiva capitania do porto.

3 – Constitui contra-ordenação punível com coima de € 25 a € 500:

a) Danificar ou alterar marcas ou instrumentos de sinalização de áreas onde se desenvolvam trabalhos de pesquisa e actividade arqueológica subaquática;

b) Não possuir prova de pagamento da taxa de farolagem e balizagem;

c) Realizar nas áreas de jurisdição marítima quaisquer actos de natureza desportiva ou cultural sem a necessária autorização da capitania do porto competente;

d) Não possuir registo de propriedade válido ou não observar os procedimentos aplicáveis em matéria de registo marítimo, sem prejuízo do disposto em legislação relativa à náutica de o recreio;

e) Não possuir a documentação e demais papéis de bordo legalmente exigíveis ou não os facultar para verificação;

f) Não prestar, injustificadamente, as informações solicitadas pelo agente de autoridade ou não cumprir os prazos que lhe forem determinados para apresentação de documentos na capitania do porto;

g) Dar início, em estaleiros, à construção de qualquer navio ou embarcação sem comunicação à capitania do porto competente, sem prejuízo do disposto em legislação relativa à náutica de recreio;

h) Não submeter a tentativa de conciliação os assuntos que o devam ser nos termos estabelecidos na Lei dos Tribunais Marítimos;

i) Não requerer previamente à entidade competente o desmantelamento ou demolição de navios ou embarcações com vista ao seu abate;

j) Realizar trabalhos de soldadura ou outros a bordo de navios ou embarcações que possam colocar em perigo a segurança dos mesmos sem licença da respectiva capitania do porto;

k) Manter embarcações com paus de carga disparados fora de borda sem que estejam em curso operações de carga ou descarga;

l) Não observar os requisitos de atracação de embarcações de pequeno porte;

m) Não observar o disposto no artigo 120.° do Regulamento Geral das Capitanias, na redacção que lhe foi dada pelo Decreto-Lei n.° 208/2000, de 2 de Setembro;

n) Não possuir licença para a prática de outros actos na área de jurisdição marítima.

4 – Caso a infracção seja praticada por pessoas colectivas, os montantes mínimos e máximos das coimas previstas nos n.ºs 1, 2 e 3 são elevados, respectivamente, para € 10 000 e € 44 000, € 2 500 e € 30 000 e € 500 e € 20 000.

ARTIGO 5.°
Negligência e tentativa

1 – A negligência e a tentativa são puníveis.

2 – Os montantes das coimas previstos no artigo anterior são reduzidos a metade nos seus limites mínimos e máximos no caso de a infracção ter sido praticada com negligência ou de se tratar de tentativa.

ARTIGO 6.°
Suspensão do pagamento da coima

1 – O capitão do porto competente para aplicar as sanções previstas no presente diploma pode, em casos de comprovada insuficiência económica e do baixo grau de culpa do agente, determinar a suspensão do pagamento da coima concretamente aplicada, por um período não inferior a um ano nem superior a três anos.

2 – Caso o agente venha a ser condenado, por decisão definitiva ou transitada em julgado, pela prática de nova infracção no período fixado nos termos do

número anterior, cessa a suspensão do pagamento da coima, com efeitos à data da prática do facto, tornando-se exigível o seu pagamento nos prazos legalmente fixados.

3 – O disposto no n.º 1 do presente artigo não se aplica às sanções acessórias nem prejudica o disposto a lei sobre a atenuação especial da coima.

ARTIGO 7.º
Admoestação

Em casos de reduzida gravidade da infracção e da culpa do agente, pode o capitão do porto proferir uma admoestação.

ARTIGO 8.º
Medidas cautelares

1 – Quando a gravidade da infracção o justifique, pode o capitão do porto ordenar como medida cautelar:

a) A apreensão do navio ou embarcação e demais equipamentos susceptíveis de terem sido utilizados na prática da contra-ordenação ou poderem vir a sê-lo na prática de novas infracções;

b) A exigência de depósito de uma caução cujo montante corresponde ao limite máximo da coima abstractamente aplicável;

c) Suspensão de trabalhos em curso.

2 – As decisões previstas no presente artigo são notificadas às pessoas que sejam titulares de direitos que por elas possam ser afectados.

ARTIGO 9.º
Sanções acessórias

1 – Em função da gravidade da infracção e da culpa do agente, o capitão do porto pode decretar as seguintes sanções acessórias:

a) Perda do navio ou embarcação e demais equipamento utilizado na prática da contra-ordenação;

b) Suspensão de licenças ou autorizações concedidas pelas capitanias dos portos competentes.

2 – A sanção acessória prevista na alínea *a)* do número anterior só pode ser decretada se os bens ali previstos serviram ou estavam destinados a servir para a prática de uma contra-ordenação ou que por esta tenham sido produzidos.

3 – A sanção acessória prevista na alínea *b)* do número anterior só pode ser

decretada se a contra-ordenação tiver sido praticada no exercício ou por causa da actividade a que se refere a licença ou autorização.

4 – Quando for declarada a perda de navios, embarcações, equipamentos ou objectos a favor do Estado, o director-geral da Autoridade Marítima propõe, no prazo de 30 dias úteis a contar da data da decisão definitiva ou do trânsito em julgado da decisão judicial, a sua afectação a entidades públicas ou instituições particulares de solidariedade social, mediante parecer obrigatório da Direcção-Geral do Património.

5 – Caso o parecer previsto no número anterior não seja emitido no prazo máximo de 30 dias úteis a contar da data de recepção da proposta, o director-geral da Autoridade Marítima determinará a sua afectação definitiva nos termos propostos.

ARTIGO 10.º
Fiscalização

1 – Compete aos capitães dos portos fiscalizar o cumprimento do disposto no presente diploma, determinar o estabelecimento de medidas cautelares, proceder à instrução processual, aplicar as coimas e decretar as sanções acessórias decorrentes da prática dos ilícitos contra-ordenacionais.

2 – Compete à PM fiscalizar o disposto no presente diploma, determinar o estabelecimento de medidas cautelares de polícia necessários à salvaguarda e protecção de todos os meios de prova relacionados com as infracções detectadas, bem como a prática de actos de instrução dos processos contra-ordenacionais.

3 – Sempre que sejam detectados ilícitos contra-ordenacionais por unidades navais da Marinha em áreas sob jurisdição marítima nacional, compete ao comandante do navio levantar o auto de notícia e tomar todas as medidas consideradas adequadas à salvaguarda de todos os meios de prova admissíveis em direito.

4 – Compete ainda ao comandante do navio, nos termos previstos no número anterior, caso considere provável a fuga do infractor ou a destruição de meios de prova, determinar o apresamento do navio ou embarcação, acompanhando-o até ao porto nacional mais próximo, fazendo entrega do mesmo ao capitão do porto competente para os demais procedimentos subsequentes.

5 – Quaisquer autoridades administrativas ou policiais que detectem factos ou condutas susceptíveis de constituir infracção contra-ordenacional devem levantar auto de notícia, adoptar medidas de protecção ou salvaguarda de meios de prova e proceder à sua remessa à capitania do porto com jurisdição na área da sua ocorrência.

ARTIGO 11.º
Destino do produto das coimas

O produto das coimas previstas neste diploma reverte:
a) 10 % para a entidade que levantar o auto de notícia;
b) 30 % para a entidade que proceder à instrução e decisão processual;
c) 60 % para o Estado.

ARTIGO 12.º
Direito subsidiário

Em tudo o que não se encontrar especialmente previsto no presente diploma é aplicável o regime geral das contra-ordenações, aprovado pelo Decreto-Lei n.º 433/82, de 27 de Outubro, alterado e republicado pelo Decreto-Lei n.º 244/95, de 14 de Setembro.

ARTIGO 13.º
Entrada em vigor

O presente diploma entra em vigor 30 dias após a data da sua publicação.

Visto e aprovado em Conselho de Ministros de 5 de Dezembro de 2001. – *António Manuel de Oliveira Guterres – Jaime José Matos da Gama – Guilherme d'Oliveira Martins – Rui Eduardo Ferreira Rodrigues Pena – Eduardo Luís Barreto Ferro Rodrigues – António Luís Santos Costa.*

Promulgado em 11 de Fevereiro de 2002.

Publique-se.

O Presidente da República, JORGE SAMPAIO.

Referendado em 14 de Fevereiro de 2002.

O Primeiro-Ministro, *António Manuel de Oliveira Guterres.*

DECRETO-LEI N.º 46/2002
de 2 Março

Atribui às autoridades portuárias a competência integrada em matéria de segurança nas áreas de jurisdição.

O presente diploma culmina um processo de reflexão e estudo que conduziu à consagração dos princípios vertidos no Livro Branco «Política marítimo-portuária rumo ao século XXI», aprovado pela Resolução do Conselho de Ministros n.º 82//98, de 10 de Julho, no qual se aponta como linha de orientação, no que diz respeito às matérias respeitantes à segurança dos portos, um modelo de responsabilização integrada compaginável com a figura, adoptada com sucesso em alguns portos europeus, do Harbour Master, atribuindo às autoridades portuárias uma responsabilidade integrada em matéria .de segurança nas suas áreas de jurisdição. Tomando a segurança e o controle ambiental como fins primeiros a alcançar, a eles se agregam outras atribuições conexas e instrumentais que, com a segurança intimamente ligadas, se identificam com a área das autoridades portuárias, visando a construção de um quadro de gestão portuária completa e coerente, que lhes permita o desempenho correcto do seu papel, tendencialmente mais liberto de tarefas operacionais.

A responsabilidade das autoridades portuárias será por elas exercida sem sujeição a qualquer critério rígido de organização e funcionamento, cabendo aos respectivos conselhos de administração definir as soluções que, em cada caso, venham a mostrar-se mais aptas à satisfação dos interesses a prosseguir.

Com a solução adoptada procura-se ter em conta os melhores modelos organizacionais existentes em outros países, definindo, no entanto, uma solução que seja perfeitamente adaptada à realidade existente no nosso país, salvaguardando, assim, um melhor aproveitamento de estruturas e meios disponíveis, evitando roturas do ponto de vista institucional.

Prevê-se a possibilidade de este diploma vir a ser regulamentado através de portaria do Ministro do Equipamento Social e espera-se que a sua aplicação venha a representar um passo seguro na eliminação de alguns condicionalismos e constrangimentos actuais.

Pretende-se, também, que a eliminação de áreas de sobreposição funcional venha a permitir um mais correcto e racional aproveitamento dos recursos humanos e técnicos disponíveis, com a consequente economia de meios.
Assim:
Nos termos da alínea a) do n.º 1 do artigo 198.º da Constituição, o Governo decreta o seguinte:

ARTIGO 1.º
Definição

1 – É cometida às autoridades portuárias a competência em matéria da segurança marítima e portuária nas suas áreas de jurisdição, em conformidade com as atribuições definidas por este diploma.

2 – As autoridades portuárias asseguram a coordenação com os órgãos da Administração cujas atribuições se relacionem com as consagradas no presente diploma.

3 – Para efeitos do presente diploma, são consideradas autoridades portuárias as administrações dos portos e os institutos portuários.

ARTIGO 2.º
Âmbito

Compete às autoridades portuárias:

a) A definição das condições de segurança de funcionamento do porto, em todas as suas vertentes, tendo em atenção a necessidade de garantir, de forma adequada, a sua exploração comercial;

b) A definição do assinalamento marítimo, precedida de parecer técnico em matéria de assinalamento, de hidrografia e das competências da autoridade marítima nacional, a submeter pelos órgãos locais da Direcção-Geral da Autoridade Marítima, bem como a instalação, manutenção e funcionamento do mesmo;

c) A preparação e emissão de avisos à navegação, sempre que se mostre necessário dar conhecimento público de limitações de condições de segurança existentes ou a sua eliminação;

d) A elaboração de normas especiais sobre o acesso, a entrada, a permanência e a saída de navios do porto, em matéria da segurança marítima e portuária, no respeito do disposto na regra n.º 1, alínea h), do Regulamento Internacional para Evitar Abalroamentos no Mar -1972, aprovado para ratificação pelo Decreto n.º 55/78, de 27 de Junho, e de acordo com o respectivo regulamento de exploração portuária;

e) A certificação da segurança marítima e portuária dos navios e embarcações, quando aplicável, sem prejuízo das competências próprias do IPMT;

f) A promoção da interacção dos centros de telecomunicações com a área de segurança portuária, planos de segurança, de contingência e de emergência, designadamente através do centro de controlo de tráfego portuário, quando exista, e da intercomunicabilidade com a entidade responsável pelo Sistema Nacional para a Busca e Salvamento Marítimo;

g) O estabelecimento das condições de navegabilidade nas águas sob sua jurisdição, garantindo, nomeadamente, a manutenção de fundos nas vias navegáveis, nos canais de acesso e zonas de manobra, junto aos cais e terminais, bem como nas áreas de fundeadouros;

h) A definição do uso dos meios e das condições de prestação dos serviços de assistência à manobra de navios;

i) A fixação de fundeadouros ou dos seus limites e definição da sua utilização;

j) O estabelecimento de condicionalismos de atracação e de largada de navios em função das exigências de segurança e dos requisitos de interesse comercial;

k) A promoção do cumprimento dos condicionamentos de natureza administrativa ou judicial;

l) A fixação de regras de manuseamento, armazenagem e transporte de cargas perigosas e a fiscalização do cumprimento das normas em vigor sobre esta matéria;

m) A prevenção e o combate à poluição, salvo a matéria relativa a contra-ordenações;

n) A participação nas acções referentes à preservação e à protecção do património cultural subaquático e o estabelecimento com as entidades competentes das condições de intervenção;

o) A promoção das diligências necessárias à remoção dos cascos ou destroços das embarcações afundadas ou encalhadas e de outros materiais submersos na sua área de jurisdição.

ARTIGO 3.º
Fiscalização e cumprimento da lei e dos regulamentos

1 – O regime do exercício da competência especializada da Polícia Marítima, nas áreas de jurisdição portuária, em matéria de segurança marítima e portuária será aprovado pelo Conselho Coordenador Nacional do Sistema da Autoridade Marítima.

2 – Sem prejuízo da actuação por iniciativa das próprias entidades policiais nos termos da lei, as autoridades portuárias solicitam a intervenção das entidades

policiais de competência genérica ou especializada para garantir e fiscalizar o cumprimento da lei e dos regulamentos emanados das autoridades competentes e com aplicação, na sua área de jurisdição relativa à segurança das instalações, dos equipamentos e dos objectos nela sediados.

ARTIGO 4.º
Regulamentação

O disposto no artigo. 2.º do presente diploma pode ser objecto de regulamentação por portaria do Ministro do Equipamento Social, sem prejuízo do exercício das competências legais para a emissão de regulamentos pelas autoridades portuária.

ARTIGO 5.º,
Alterações normativas

1 – Aos diplomas preambulares que aprovaram os Estatutos da Administração dos Portos do Douro e Leixões, S.A., da Administração do Porto de Lisboa, S.A., da Administração do Porto de Sines, S.A., da Administração dos Portos de Setúbal e Sesimbra, S.A., e da Administração do Porto de Aveiro, S.A., respectivamente os Decretos-Leis n.º 335/98, 336/98, 337/98, 338/98, e 339/98, de 3 de Novembro, são aditadas uma alínea g) e, no caso do diploma preambular da Administração dos Portos de Setúbal e Sesimbra, S.A., uma alínea h) ao n.º 2 do artigo 3.º, com a seguinte redacção:
«Assunção da responsabilidade em matéria de segurança marítima e portuária na sua área de jurisdição, definindo as condições de segurança de funcionamento do porto, em todas as suas vertentes, tendo em atenção a necessidade de garantir, de forma adequada, a sua exploração comercial.»
2 – Aos Estatutos do Instituto Portuário do Norte (IPN), do Instituto Portuário do Centro (IPC) e do Instituto Portuário do Sul (IPS), aprovados, respectivamente, pelos Decretos-Leis n.º 242/99, 243/99 e 244/99, de 28 de Junho, é aditada uma alínea h) ao n.º 1 do artigo 6.º, com a seguinte redacção:
«Assunção da responsabilidade em matéria de segurança marítima e portuária na sua área de jurisdição, definindo as condições de segurança de funcionamento do porto, em todas as suas vertentes, tendo em atenção a necessidade de garantir, de forma adequada, a sua exploração comercial.»

ARTIGO 6.º
Disposições finais

1 – São revogados:

a) A alínea e) do artigo 13.º e os artigos 27.º a 29.º dos Estatutos do IPN, do IPC e do IPS, anexos, respectivamente, aos Decretos-Leis n.º 242/99, 243/99 e 244/99, de 28 de Junho;

b) Os n.º 2 e 3 dos artigos 12.º dos Decretos-Leis n.º 335/98, 336/98, 337/98 e 339/98, de 3 de Novembro;

c) Os n.º 2 e 3 do artigo' 13.º do Decreto-Lei n.º 338/98, de 3 de Novembro;

d) Todos os preceitos que contrariem o disposto no presente diploma.

2 – Transitoriamente e até à sua modificação pelas autoridades portuárias, continuam em vigor as directivas e instruções emitidas pelos órgãos regionais e locais da Direcção-Geral da Autoridade Marítima que regulam o exercício da actividade de controlo, entrada, movimentação e saída de navios.

ARTIGO 7.º
Entrada em vigor

O presente diploma entra em vigor 30 dias após a sua publicação.

Visto e aprovado em Conselho de Ministros de 5 de Dezembro de 2001. *António Manuel de Oliveira Guterres – Guilherme d'Oliveira Martins – Rui Eduardo Ferreira Rodrigues Pena – Henrique Nuno Pires Severiano Teixeira Eduardo Luís Barreto Ferro Rodrigues – António Luís Santos Costa – José Sócrates Carvalho Pinto de Sousa.*

Promulgado em 11 de Fevereiro de 2002.

Publique-se.

O Presidente da República, JORGE SAMPAIO.

Referendado em 14 de Fevereiro de 2002.

O Primeiro-Ministro, *António Manuel de Oliveira Guterres.*

DECRETO-LEI N.º 195/98
de 10 Julho

(com as alterações introduzidas pelo D/L 156/00 de 22JUL)
*Aprova o Regulamento de Inspecção de Navios Estrangeiros (RINE),
estabelecendo os procedimentos a observar pelo IPTM
e capitanias dos portos, procedendo à transposição
da Directiva n.º 95/21/CE, do Conselho, de 19 de Junho*

O elevado número de acidentes e sinistros marítimos que anualmente se registam constitui, indubitavelmente, uma constante preocupação a nível mundial, não só pela perda de vidas humanas que a eles normalmente está associada como também pelos prejuízos materiais daí decorrentes, principalmente quando se verifica a ocorrência de poluição que afecte gravemente o meio marinho e as costas de países ribeirinhos.

Na génese de tais acidentes encontram-se com grande frequência navios que não obedecem às normas internacionalmente estabelecidas em convenções, códigos e resoluções, os quais representam, assim, uma constante ameaça à segurança da navegação e um permanente risco de poluição do meio marinho. De facto, a segurança da navegação e a prevenção da poluição podem ser significativamente melhoradas pela redução da presença de navios que não obedecem às normas em águas sob jurisdição marítima nacional (navios substandard), através de mecanismos que obriguem à aplicação das convenções em vigor em matéria de segurança e transportes marítimos.

Consciente dos graves inconvenientes que a presença destes navios representa para as águas e costas dos países membros, o Conselho da União Europeia adoptou a Directiva n.º 95/21/CE, de 19 de Junho, relativa às normas internacionais respeitantes à segurança da navegação, à prevenção da poluição e às condições de vida e de trabalho a bordo aplicável aos navios que escalem os portos da União Europeia ou que naveguem em águas sob jurisdição dos Estados membros.

Esta directiva, cujos fundamentos assentam basicamente nos princípios estabelecidos pelo Memorando do Acordo de Paris para a Inspecção de Navios pelo Estado do Porto, de 1982, celebrado entre as autoridades marítimas dos países signatários, reconhece a necessidade de intervenção do Estado do porto, quer a nível de controlo quer em termos de inspecção (Port State Control), com vista à fiscalização da conformidade dos navios com as normas internacionais de segurança, de prevenção da poluição e das condições de vida e de trabalho a bordo, pelo facto de os Estados do pavilhão, a quem incumbe esse controlo (Flag State Control), descurarem, por insuficiências determinantes em recursos humanos especializados e em recursos materiais e financeiros, a aplicação e o cumprimento daquelas normas internacionais, com as consequências graves que de tais factos normalmente advêm.

É no reconhecimento de tais factos que se revela imprescindível a existência de um quadro jurídico, uniformizado a nível comunitário, que seja harmonizador dos procedimentos de inspecção e demais regras e critérios relativos à actividade de inspecção pelo Estado do porto, nomeadamente os critérios de imobilização de navios, a fim de se assegurar uma actuação eficaz a nível dos portos da Comunidade.

Por outro lado, torna-se necessário estabelecer, de forma coerente e eficaz e sem desfigurar o ordenamento legal e administrativo existente, a actuação dos órgãos locais da AMN e da Direcção de Inspecção de Navios do IPTM no quadro das matérias em apreço.

Esta preocupação constituiu um dos objectivos principais do grupo de trabalho criado pela Resolução do Conselho de Ministros n.º 185/96, de 24 de Outubro, no qual se procedeu à devida articulação das competências, até à data dispersas, entre os diversos departamentos do Estado com responsabilidades neste domínio.

Nesse contexto, e de acordo com o estabelecido no artigo 20.º da referida directiva, os Estados membros assumiram a incumbência de publicar internamente as disposições legislativas, regulamentares e administrativas que considerarem necessárias ao seu cumprimento até 30 de Junho de 1996, pelo que se torna necessário legislar em matéria de inspecção e controlo de navios pelo Estado do porto.

Assim:

Nos termos da alínea a) do n.º 1 do artigo 198.º e do n.º 5 do artigo 112.º da Constituição, o Governo decreta o seguinte:

ARTIGO 1.º
Objecto

Pelo presente diploma é aprovado o Regulamento de Inspecção de Navios Estrangeiros (RINE), realizado no âmbito do controlo de navios pelo Estado do porto, publicado em anexo ao presente diploma e que dele faz parte integrante.

ARTIGO 2.º
Controlo e inspecção de navios estrangeiros

1 – O RINE dá aplicação ao disposto na Directiva n.º 95/21/CE, do Conselho, de 19 de Junho, bem como à Directiva n.º 96/40/CE, da Comissão, de 25 de Junho, as quais estabelecem os normativos e procedimentos comunitários em matéria de controlo de navios pelo Estado do porto e o modelo comum de cartão de identificação dos inspectores que efectuam inspecções pelo Estado do porto.

2 – A execução técnica das inspecções ao abrigo do controlo de navios pelo Estado do porto (Port State Control), bem como a total responsabilidade técnica resultante de tal actividade, desde a selecção de navios a inspeccionar até à elaboração dos relatórios de inspecção e ao parecer técnico vinculativo que fundamenta a decisão de detenção, constitui competência do Instituto Portuário e dos Transportes Marítimos (IPTM) através da Direcção de Inspecção de Navios (IPTM/DIN).

3 – O controlo de navios estrangeiros constitui competência dos capitães dos portos como órgãos locais da (AMN) e autoridades competentes para, nomeadamente, executar actos de soberania e demais actos administrativos em matéria de visita, imposição do fecho de barras, disciplina da navegação, condições de acesso e saída de portos e detenção e desembaraço de navios.

ARTIGO 3.º
Direito internacional

O disposto no presente diploma não prejudica os poderes soberanos do Estado Português sobre o seu mar territorial em resultado das normas aplicáveis de direito internacional geral ou comum e das convenções internacionais que vigoram na ordem jurídica interna, nomeadamente no que respeita ao direito de passagem em trânsito e de passagem inofensiva, bem como ao direito de visita em águas sob a jurisdição nacional.

ARTIGO 4.º
Norma revogatória

É revogado o artigo 162.º do Decreto-Lei n.º 265/72, de 31 de Julho.

ARTIGO 5.º
Entrada em vigor

O presente diploma entra em vigor 180 dias após a sua publicação.

Visto e aprovado em Conselho de Ministros de 26 de Fevereiro de 1998. – *António Manuel de Oliveira Guterres – Jaime José Matos da Gama – José Veiga Simão – João Cardona Gomes Cravinho.*

Promulgado em 8 de Maio de 1998.

Publique-se.

O Presidente da República, JORGE SAMPAIO.

Referendado em 5 de Junho de 1998.

O Primeiro-Ministro, *António Manuel de Oliveira Guterres.*

DECRETO-LEI N.º 156/2000
de 22 de Julho

Nota introdutória do Decreto-Lei n.º 156/2000, de 22 de Julho, que alterou o Decreto-Lei n.º 195/98, de 10 de Julho, (Regulamento de Inspecção de Navios Estrangeiros (RINE))

Transpõe para a ordem jurídica interna a Directiva n.º 98/25/CE, do Conselho, de 27 de Abril, e as Directivas n.os 98/25/CE e 1999/97/CE, ambas da Comissão, respectivamente de 19 de Julho e de 13 de Dezembro, alterando o Decreto-Lei n.º 195/98, de 10 de Julho, que aprovou o Regulamento de Inspecção de Navios Estrangeiros (RINE)

O Decreto-Lei n.º 195/98, de 10 de Julho, que aprovou o Regulamento de Inspecção de Navios Estrangeiros (RINE), transpôs para a ordem jurídica interna as Directivas n.os 95/21/CE, do Conselho, de 19 de Julho, e 96/40/CE, da Comissão, de 25 de Junho.

A Directiva n.º 98/25/CE, do Conselho, de 27 de Abril, e as Directivas n.os 98/42/CE e 1999/97/CE, ambas da Comissão, respectivamente de 19 de Junho e de 13 de Dezembro, vieram posteriormente alterar a Directiva n.º 95/21/CE, do Conselho, de 19 de Junho, relativa às normas internacionais respeitantes à segurança da navegação, à prevenção da poluição e às condições de vida e de trabalho a bordo aplicáveis aos navios que escalem os portos da União Europeia ou que naveguem em águas sob jurisdição dos Estados membros.

Neste contexto, torna-se pois necessário alterar o Decreto-Lei n.º 195/98, de 10 de Julho, por forma a adequar as suas disposições às referidas directivas.

Foram ouvidos os órgãos de Governo próprio das Regiões Autónomas.

Assim:

Nos termos da alínea a) do n.º 1 do artigo 198.º da Constituição, o Governo decreta o seguinte:

ARTIGO 1.º
Alterações

Os artigos 2.º, 3.º, 6.º, 7.º e 17.º, bem como os anexos II, IV, V, VI e IX do Regulamento de Inspecção de Navios Estrangeiros (RINE), aprovado pelo Decreto-Lei n.º 195/98, de 10 de Julho, passam a ter a seguinte redacção:

ARTIGO 2.º
Aditamentos

São aditados ao Regulamento de Inspecção de Navios Estrangeiros (RINE), aprovado pelo Decreto-Lei n.º 195/98, de 10 de Julho, o artigo 14.º-A e o anexo XII.

ARTIGO 3.º
Entrada em vigor

O presente diploma entra em vigor no dia imediato ao da sua publicação.

CAPÍTULO I
Disposições gerais

ARTIGO 1.º
Objectivo e aplicação

O presente Regulamento estabelece os procedimentos a observar pelas autoridades nacionais competentes relativos ao controlo e à inspecção de navios estrangeiros que pratiquem todos os portos nacionais, com vista a um controlo eficaz das suas condições de segurança, e tem aplicação a todo o espaço nacional.

ARTIGO 2.º
Definições

Para efeitos do presente diploma, deve entender-se por:

1 – MA – Memorando do Acordo de Paris para a Inspecção de Navios pelo Estado do Porto, assinado em Paris em 26 de Janeiro de 1982, com a redacção em vigor em 1 de Julho de 1999;

2 – Navio – qualquer navio de mar, estrangeiro, a que se apliquem uma ou mais convenções referidas no artigo 3.º;

3 – Inspector – o inspector da carreira de inspecção de navios do IPTM/DIN que cumpra os requisitos estabelecidos no anexo III ou o agente do Estado que cumpra o previsto no n.º 2 da alínea B) daquele anexo;

4 – Inspecção – a visita a um navio para verificar a validade dos certificados e outros documentos pertinentes e as condições em que se encontra o navio, o seu equipamento e a sua tripulação, bem como as condições de vida e de trabalho da tripulação;

5 – Inspecção alargada – a inspecção efectuada com base nas orientações não vinculativas apresentadas na secção B do anexo VII a este Regulamento;

6 – Inspecção aprofundada – uma inspecção suplementar em que o navio, o seu equipamento e a sua tripulação são, no todo ou em parte, conforme apropriado, sujeitos a uma vistoria aprofundada, nas circunstâncias especificadas no n.º 1 do artigo 11.º, no que se refere à construção, ao equipamento, à lotação, às condições de vida e de trabalho e à observância dos procedimentos operacionais a bordo;

7 – Detenção – a proibição formal de um navio sair para o mar em resultado de anomalias detectadas nos termos do presente Regulamento que, isolada ou conjuntamente, tornem o navio incapaz de navegar;

8 – Interrupção de uma operação – a proibição formal de um navio prosseguir uma operação em resultado de anomalias detectadas que, isolada ou conjuntamente, tornem perigosa a continuação dessa operação;

9 – Instalação offshore – qualquer plataforma fixa ou flutuante que opere na ou sobre a plataforma continental de um Estado membro.

ARTIGO 3.º
Convenções

1 – Para efeitos do presente diploma, são aplicáveis as seguintes as convenções:
a) A Convenção Internacional sobre Linhas de Carga, de 1966 (LC 66);
b) A Convenção Internacional para a Salvaguarda da Vida Humana no Mar, de 1974 (SOLAS 74);
c) A Convenção Internacional para a Prevenção da Poluição por Navios, de 1973, e o seu Protocolo, de 1978 (MARPOL 73/78);
d) A Convenção Internacional sobre Normas de Formação, de Certificação e de Serviço de Quartos para os Marítimos, de 1978 (NFCSQM 78);
e) A Convenção sobre os Regulamentos Internacionais para Evitar Abalroamentos no Mar, de 1972 (COLREG 72);
f) A Convenção Internacional sobre Arqueação de Navios, de 1969;
g) A Convenção sobre as Normas Mínimas a Observar nos Navios Mercantes, de 1976 (OIT n.º 147).

2 – Além dos textos originais das convenções aplicáveis, serão também considerados os protocolos, as alterações efectuadas e os respectivos códigos que tenham carácter vinculativo e estejam em vigor em 1 de Julho de 1999.

3 – O Ministério das Obras Públicas, Transportes e Habitação (MOPTH) (*) manterá, através dos serviços de estudo e análise das convenções, resoluções e demais textos internacionais do IPTM, um acompanhamento actualizado dos textos aplicáveis no âmbito do presente diploma e desenvolverá, com a colaboração das entidades com competência nas diversas matérias, as diligências necessárias aos respectivos processos de ratificação.

ARTIGO 4.º
Âmbito de aplicação

1 – O presente diploma aplica-se a qualquer navio estrangeiro, e respectiva tripulação, que escale ou se encontre ancorado num porto nacional ou numa instalação offshore.

(*) Alterações introduzidas pelo D/L 120/02 de 03MAI, alterado pelo D/L 119/03, de 17JUN

2 – Ao efectuar uma inspecção a um navio que arvore pavilhão de Estado que não seja parte numa das convenções referidas no artigo 3.º, deve ser assegurado que o tratamento dado a esse navio e à tripulação não é mais favorável do que o reservado aos navios que arvorem pavilhão de um Estado que seja parte nessa convenção.

3 – O estabelecido no presente diploma não se aplica a navios de pesca, a navios de guerra e a unidades auxiliares da Marinha de guerra, a navios de madeira de construção primitiva, a navios afectos a serviços governamentais de carácter não comercial e às embarcações de recreio não utilizadas com fins comerciais.

4 – No respeitante a navios de arqueação bruta inferior a 500 t deverão ser tomadas as medidas necessárias para garantir que esses navios não representam um perigo manifesto para a segurança, saúde e ambiente, nos termos das convenções aplicáveis na matéria, para o que deverá ser observado o estabelecido no anexo I ao presente diploma, que reproduz o anexo I ao MA.

ARTIGO 5.º
Autoridades competentes

1 – Para efeitos do preceituado no presente diploma, a autoridade competente para efectuar a inspecção técnica de navios estrangeiros é o IPTM/DIN.

2 – Quando estejam em causa navios cujas anomalias, nomeadamente na sequência de denúncia da existência das mesmas, possam representar um perigo manifesto para pessoas, para a segurança da navegação e das linhas de tráfego, nomeadamente barras de portos, e para a preservação do meio ambiente marinho, os capitães dos portos, no âmbito das suas competências, devem comunicar ao IPTM/DIN a necessidade de uma inspecção, à qual deve ser dada máxima prioridade.

3 – Se não for possível efectuar a inspecção nos termos do artigo anterior e em tempo considerado útil pela autoridade marítima, a mesma poderá ser feita pelo capitão do porto no âmbito das competências que lhe estão atribuídas por lei e pelo presente diploma.

4 – Os capitães dos portos têm competência para efectuar a visita para a inspecção e inspeccionar todos os navios não incluídos no âmbito do n.º 1 do artigo 4.º do presente diploma, bem como aqueles que, sendo abrangidos por aquele preceito, em relação aos quais ocorra a situação prevista no número anterior ou a inspecção seja determinada por razões relacionadas com o risco de vidas e riscos para o meio ambiente, matérias de segurança interna, de índole judicial e de polícia criminal ou, nomeadamente, factores relativos a razões de disciplina e determinações em matéria de navegação.

5 – Nos casos referidos no número anterior, dos quais deve ser dado total

conhecimento ao cônsul do Estado de bandeira, as despesas efectuadas pela autoridade marítima com as inspecções serão suportadas pelo proprietário ou armador do navio.

ARTIGO 6.º
Objectivos de inspecção

O Instituto Portuário e dos Transportes Marítimos (IPTM)/Direcção de Inspecção de Navios (IPTM/DIN) deve realizar, anualmente, um número total de inspecções correspondente a, pelo menos, 25% do número de navios que tenham escalado os portos nacionais durante cada ano civil.

CAPÍTULO II
Das inspecções

ARTIGO 7.º
Obrigações de inspecção

1 – Na selecção dos navios a inspeccionar, o IPTM/DIN deve dar prioridade máxima aos navios referidos na parte I do anexo II e, ao determinar a ordem de prioridade para inspecção de outros navios referidos no anexo II, deve ter em conta o factor global de selecção referido na parte II do mesmo anexo.

2 – O IPTM/DIN deve abster-se de inspeccionar um navio que já tenha sido inspeccionado por outro Estado membro nos seis meses anteriores, desde que:

a) Esse navio não esteja incluído na lista do anexo II;

b) Em relação a esse navio não haja qualquer notificação de anomalia detectada;

c) Relativamente a esse navio não existam motivos inequívocos para efectuar uma inspecção.

3 – O disposto no número anterior não se aplica aos controlos operacionais previstos especificamente nas convenções.

ARTIGO 8.º
Perfil profissional dos inspectores

1 – As inspecções feitas ao abrigo do controlo de navios pelo Estado do porto (PSC) serão efectuadas exclusivamente por inspectores que preencham os critérios de qualificação previstos no anexo III.

2 – Cada inspector do PSC deve ser portador de um cartão de identidade que o autoriza a efectuar inspecções de navios pelo Estado do porto, cujos requisitos constam do anexo referido no número anterior.

ARTIGO 9.º
Entrada de navios em portos nacionais

As administrações e as juntas portuárias, ou outras entidades com competências em matéria de jurisdição portuária, devem enviar ao IPTM/DIN a identificação dos navios estrangeiros abrangidos pelo presente diploma e que entrem em todos os portos nacionais sob as respectivas jurisdições, podendo estas informações ser ainda solicitadas às capitanias dos portos.

ARTIGO 10.º
Procedimento de inspecção

1 – Nas inspecções a efectuar pelo IPTM/DIN deverão ser observados, no mínimo, os seguintes procedimentos:

a) Verificação, na medida do possível, dos certificados e documentos enumerados no anexo IV ao presente diploma;
b) Verificação das condições gerais do navio, nomeadamente a casa das máquinas e as acomodações da tripulação, incluindo as condições de higiene do navio.

2 – Além dos certificados e documentos referidos no anexo IV, os inspectores deverão examinar os que obrigatoriamente devam existir a bordo, nos termos das convenções referidas no artigo 3.º

3 – Para a inspecção de navios deverão ser igualmente observados os procedimentos e orientações especificados no anexo V.

ARTIGO 11.º
Inspecção aprofundada

1 – Sempre que, após ter sido realizada a inspecção referida no artigo anterior, haja motivos inequívocos para crer que as condições em que se encontra o navio, o seu equipamento ou a sua tripulação não respeitam substancialmente os requisitos de uma convenção aplicável, será efectuada uma inspecção aprofundada, incluindo a verificação do cumprimento das exigências operacionais a bordo.

2 – Ocorrem «motivos inequívocos» quando, no entendimento do inspector, existem elementos de prova que justifiquem uma inspecção aprofundada do navio, do seu equipamento ou da sua tripulação.

3 – Para uma aplicação mais correcta do presente artigo, constituem exemplos de motivos inequívocos para a inspecção aprofundada os referidos no anexo VI ao presente diploma.

ARTIGO 12.º
Inspecção alargada de determinados navios

1 – O IPTM/DIN promoverá a realização de uma inspecção alargada quando existirem motivos inequívocos para efectuar uma inspecção aprofundada dos navios pertencentes aos tipos enumerados no anexo VII.

2 – Os navios referidos no número anterior só serão sujeitos a inspecção alargada se não tiverem sido sujeitos a tal inspecção nos últimos 12 meses, estando, no entanto, sujeitos à inspecção prevista no artigo 10.º do presente diploma.

3 – O IPTM/DIN poderá realizar inspecções alargadas no caso de navios de passageiros que operem regularmente a partir de um porto nacional ou o escalem.

4 – Quando os navios referidos no número anterior operarem regularmente entre os portos nacionais e portos dos Estados membros da UE, a inspecção alargada poderá ser efectuada por uma autoridade competente de qualquer desses Estados.

ARTIGO 13.º
Relatório de inspecção para o comandante

1 – No final de cada inspecção aprofundada ou alargada, o inspector entregará ao comandante do navio um documento, de acordo com o modelo previsto no anexo n.º 3 ao MA e constante do anexo VIII ao presente diploma, no qual especificará os resultados da inspecção e os elementos relativos às decisões tomadas, bem como as medidas de correcção a tomar pelo comandante, pelo proprietário ou pelo armador.

2 – Caso as anomalias detectadas justifiquem a detenção do navio, o relatório a fornecer ao comandante incluirá ainda informações sobre a decisão de detenção, em conformidade com o disposto no presente diploma.

ARTIGO 14.º
Correcção das anomalias

1 – O IPTM/DIN certificar-se-á de que todas as anomalias confirmadas ou detectadas pelas inspecções referidas nos artigos 10.º e 11.º do presente diploma já foram ou serão corrigidas em conformidade com o disposto nas convenções aplicáveis referidas no artigo 3.º

2 – Caso as anomalias representem um perigo manifesto para a segurança, a saúde ou o ambiente, deverá ser determinada a detenção do navio ou a interrupção da operação durante a qual as anomalias foram detectadas, nos termos do artigo seguinte.

3 – A decisão de deter o navio será sempre tomada pelo capitão do porto, sob parecer técnico vinculativo do IPTM/DIN.

4 – A decisão de interromper uma operação será tomada pelo capitão do porto ou pelo IPTM/DIN, consoante a entidade que tiver detectado as anomalias.

5 – Em circunstâncias excepcionais, quando as condições gerais do navio não respeitarem, de forma óbvia, as normas aplicáveis, o IPTM/DIN pode decidir suspender a inspecção do navio até que os responsáveis tomem as medidas necessárias para garantir que o navio cumpre os requisitos das convenções.

ARTIGO 14.º-A
Procedimentos aplicáveis

1 – Se de uma inspecção resultar comprovada a inexistência de cópia do Documento de Conformidade (DOC) ou do Certificado de Gestão para a Segurança (SMC), emitidos em conformidade com o Código Internacional de Gestão para a Segurança da Exploração de Navios e para a Prevenção da Poluição (Código ISM) a bordo dum navio, ao qual seja aplicável o Código ISM à data da inspecção, deve ser determinada a detenção do navio nos termos do artigo anterior.

2 – Não obstante a falta de documentos referidos no número anterior, o capitão do porto pode anular a ordem de detenção de um navio, para evitar o congestionamento do porto, se da inspecção não resultarem comprovadas outras anomalias justificativas da detenção.

3 – O capitão do porto deve proceder nos termos do n.º 4 do artigo seguinte e comunicar a decisão, de imediato, ao IPTM, que, por sua vez, informará as autoridades competentes dos Estados membros.

4 – Nas situações previstas nos n.ºs 1 e 2, o IPTM/DIN deve solicitar às autoridades dos portos comunitários que recusem a entrada desses navios nos seus portos, enquanto os proprietários ou os armadores não demonstrem ao IPTM/DIN que já dispõem dos certificados válidos emitidos em conformidade com o Código ISM.

5 – A recusa de entrada dos navios em portos comunitários, a que se refere o número anterior, não deve impedir o acesso dos navios a esses portos, em casos de força maior, de garantia de segurança, de reparação de avarias ou de minimização de riscos de poluição.

6 – Se resultarem comprovadas outras anomalias justificativas de uma detenção, que não possam ser corrigidas no porto onde o navio está detido, deve ser aplicado o disposto no artigo 18.º deste Regulamento.

ARTIGO 15.º
Detenção

1 – A detenção ou a decisão de interrupção da operação, referidas no artigo anterior, serão mantidas até que a causa do perigo tenha sido eliminada ou o capitão do porto decida, sob parecer vinculativo do IPTM/DIN, que o navio pode, dentro de determinadas condições, sair para o mar ou retomar a operação sem riscos para outros navios e, bem assim, sem constituir ameaça desproporcionada de danos para o meio marinho.

2 – Quando a inspecção tiver sido feita na sequência de comunicação do capitão do porto, a decisão de que o navio pode sair para o mar sem riscos para a segurança ou saúde dos passageiros ou da tripulação, para a navegação e sem constituir ameaça para o meio marinho será por si tomada com base em relatório técnico circunstanciado e vinculativo elaborado pelo IPTM/DIN.

3 – Ao decidir da necessidade de se deter um navio, o inspector deverá aplicar os critérios constantes do anexo IX ao presente diploma.

4 – No caso de as inspecções referidas nos artigos 11.º e 12.º darem origem a uma decisão de detenção, o capitão do porto informará de imediato, por escrito, o cônsul do Estado de bandeira ou, na falta deste, o representante diplomático mais próximo desse Estado, comunicando as circunstâncias técnicas que deram origem àquela decisão.

5 – O IPTM/DIN, no âmbito das suas competências técnicas, contactará, por escrito, as entidades competentes do Estado de bandeira do navio e notificará os inspectores nomeados ou as organizações reconhecidas como responsáveis pela emissão dos certificados desse navio, nomeadamente as sociedades classificadoras, caso tal se revele necessário.

ARTIGO 16.º
Detenção indevida

1 – Na sequência das inspecções referidas nos artigos 11.º e 12.º, deverão ser envidados todos os esforços para evitar que um navio seja indevidamente detido ou atrasado nas suas operações comerciais.

2 – Para efeitos de se qualificar uma detenção ou um atraso nas operações como tecnicamente mal fundamentados, o ónus da prova caberá ao armador ou proprietário do navio em questão.

ARTIGO 17.º
Informações sobre detenções

1 – O IPTM/DIN tomará as medidas necessárias para garantir a publicação, no mínimo com periodicidade mensal, das informações enumeradas no ponto 1 do anexo XII relativas aos navios detidos num porto ou aos quais foi recusado o acesso a um porto nacional durante o mês precedente.

2 – As informações disponíveis no sistema SIRENAC relativas aos navios inspeccionados em portos nacionais referidas nas partes I e II do anexo XII devem ser tornadas públicas, através de dispositivos técnicos adequados, o mais rapidamente possível, após a conclusão da inspecção ou o levantamento da detenção.

3 – Sempre que necessário, procede-se à alteração do sistema de informação SIRENAC, tendo em vista a aplicação das prescrições supramencionadas.

4 – As capitanias dos portos devem manter registos actualizados das decisões de detenção e de interrupção de operações, bem como dos relatórios vinculativos que servem de base às primeiras.

ARTIGO 18.º
Acompanhamento das inspecções e detenções

1 – Sempre que as anomalias referidas no artigo 14.º do presente diploma não puderem ser corrigidas no porto em que foi efectuada a inspecção, o capitão do porto, sob parecer vinculativo do IPTM/DIN, autorizará o navio a seguir para o estaleiro de reparação naval disponível mais próximo, escolhido conjuntamente com o comandante do navio, desde que o navio possa seguir para o referido estaleiro sem riscos para a segurança e a saúde dos passageiros ou da tripulação, sem riscos para outros navios e sem constituir ameaça desproporcionada de danos para o meio marinho.

2 – O referido no número anterior só ocorrerá desde que sejam respeitadas as condições estabelecidas pela autoridade competente do Estado do pavilhão do navio e pela autoridade competente do Estado onde se situa o estaleiro de reparação naval.

3 – Para efeitos do disposto no n.º 1, o IPTM/DIN notificará as partes referidas no n.º 5 do artigo 15.º do presente diploma, bem como as outras entidades com interesse nas condições em que se irá efectuar a viagem, sendo que as autoridades consulares e ou diplomáticas serão contactadas pelo respectivo capitão do porto.

4 – A notificação referida no número anterior será feita nos termos do anexo n.º 2 ao MA, que consta do anexo X ao presente diploma, devendo a autoridade destinatária informar das medidas adoptadas.

ARTIGO 19.º
Recusa de acesso e de permanência

1 – Aos navios referidos no n.º 1 do artigo anterior que saiam para o mar sem cumprirem as condições estabelecidas pelas autoridades do porto competentes em matéria de inspecção, ou que recusem cumprir os requisitos aplicáveis das convenções, não comparecendo no estaleiro de reparação naval indicado, ou, comparecendo, se recusem a efectuar as necessárias reparações, deverá ser recusado o acesso ou a permanência em portos nacionais.

2 – Sempre que ocorrerem as situações previstas no número anterior, o IPTM/DIN alertará de imediato as autoridades competentes dos restantes Estados membros da UE.

3 – A decisão de recusa de acesso ou de permanência em portos nacionais é tomada pelo capitão do porto, quer por decisão própria, no âmbito das suas competências, quer por indicação nesse sentido que lhe for feita pelo IPTM/DIN em resultado da verificação de tal necessidade.

4 – A decisão referida no número anterior será mantida até que o proprietário ou o armador apresente provas suficientes, aceites conjuntamente pelo capitão do porto e pelo IPTM/DIN, de que o navio já está em condições de cumprir os requisitos aplicáveis das convenções.

5 – Antes de recusar o acesso a qualquer dos portos nacionais, o capitão do porto e o IPTM/DIN podem realizar consultas junto das autoridades competentes do Estado do pavilhão arvorado pelo navio em causa.

ARTIGO 20.º
Acesso em casos de força maior

O acesso a portos nacionais pode ser autorizado pelos capitães dos portos em caso de força maior ou razões de segurança consideradas primordiais, nomeadamente para reduzir ou minimizar riscos de poluição ou para corrigir anomalias, desde que o proprietário, o armador ou o comandante do navio tenham tomado as medidas adequadas, de acordo com os requisitos exigidos pelas autoridades nacionais competentes, para assegurar a entrada do navio em segurança no porto.

ARTIGO 21.º
Relatório dos pilotos e das autoridades portuárias

1 – Quando, no cumprimento das suas funções a bordo dos navios, os pilotos tomem conhecimento de anomalias que possam comprometer a segurança da navegação do navio ou que constituam ameaça de dano para o meio ambiente marítimo, terão de informar de imediato a respectiva capitania do porto e o IPTM/DIN.

2 – As autoridades portuárias que, no exercício das suas funções, tomem conhecimento de que determinado navio que se encontra num porto nacional apresenta anomalias susceptíveis de comprometer a segurança do navio ou de constituir ameaça desproporcionada de danos para o meio marinho terão de informar de imediato a respectiva capitania do porto e o IPTM/DIN.

CAPÍTULO III
Disposições finais

ARTIGO 22.º
Desembaraço das autoridades marítimas

1 – Elaborado o relatório final de inspecção, e ou emitido o parecer final certificativo de que as anomalias encontradas foram corrigidas, no caso de ter ocorrido uma detenção, o IPTM/DIN informará o capitão do porto no sentido de este proceder ao desembaraço.

2 – Se ocorrer denúncia quanto a facto superveniente relativo às condições de segurança do navio, o IPTM/DIN emitirá parecer nos termos do n.º 3 do artigo 14.º

3 – Em relação aos navios que não tiverem sido objecto de uma detenção nos termos do n.º 1 do presente artigo, as autoridades marítimas devem aplicar os mecanismos previstos pelo acto de desembaraço.

ARTIGO 23.º
Recurso

1 – Das decisões de detenção tomadas pelos capitães dos portos no âmbito do presente diploma, as quais serão sempre baseadas em parecer técnico vinculativo do IPTM/DIN, caberá recurso para os tribunais marítimos, não tendo, contudo, efeitos suspensivos.

2 – A informação do direito de recurso, com os contornos estabelecidos no presente artigo, deverá ser expressamente referida na notificação entregue ao comandante do navio, da qual consta a decisão de detenção.

ARTIGO 24.º
Cooperação

1 – O Ministério da Defesa Nacional (MDN) e o MOPTH deverão tomar as medidas necessárias para assegurar a cooperação entre o AMN, e o IPTM, as

autoridades portuárias e outras entidades interessadas, nomeadamente organizações comerciais, com vista a que as autoridades competentes possam ter acesso a todas as informações úteis sobre a identificação e estado dos navios que escalem os portos nacionais.

2 – O Ministério dos Negócios Estrangeiros e das Comunidades Portuguesas (MNECP), o MDN e o MOPTH deverão tomar todas as medidas necessárias para assegurar o intercâmbio de informações e a cooperação entre as autoridades nacionais competentes e as autoridades competentes dos restantes Estados membros.

3 – A ligação operacional ao sistema de informação SIRENACE, sediado em Saint-Malo, França, e à Comissão da UE ficará a cargo do IPTM, tendo o órgão central da AMN e as capitanias dos portos acesso directo à informação contida no referido sistema.

4 – O MOPTH, através do IPTM, assegurará a representação nacional nas reuniões internacionais que decorrerem no âmbito do comité instituído pelo artigo 18.º da Directiva n.º 95/21/CE, de 19 de Junho, e demais reuniões com a Comissão da UE.

5 – Quando estiverem em causa matérias do âmbito da AMN, a Direcção-Geral da Autoridade Marítima (DGAM) far-se-á representar.

6 – As informações referidas no n.º 2 são as especificadas no anexo n.º 4 ao MA, constante do anexo XI ao presente diploma, e as necessárias para dar cumprimento ao disposto no artigo 17.º

ARTIGO 25.º
Despesas com inspecções

1 – Caso as inspecções referidas nos artigos 11.º e 12.º confirmem ou detectem anomalias em relação aos requisitos de uma convenção aplicável e que justifiquem a detenção do navio, todas as despesas relacionadas com estas inspecções serão suportadas pelo proprietário, pelo armador ou pelo seu representante no território nacional.

2 – Todas as despesas relacionadas com inspecções e diligências efectuadas pelas capitanias dos portos e pelo IPTM/DIN ficam a cargo do proprietário ou do armador do navio.

3 – A decisão de detenção só será revista quando for feito pagamento integral ou for constituída uma garantia considerada idónea e de valor suficiente para assegurar o reembolso das despesas efectuadas por todas as entidades nacionais.

ARTIGO 26.º
Dados para controlo de aplicação

O IPTM, como tutela da autoridade competente em matéria de execução técnica de inspecções, comunicará à Comissão da UE e ao secretariado do MA, com uma periodicidade trianual (até 1 de Outubro de cada ano), os seguintes elementos:

a) Número de inspectores ao serviço na inspecção de navios, sendo que o número de inspectores que exerçam actividade apenas a tempo parcial deverá ser convertido percentualmente ao de inspectores a tempo inteiro;

b) Número de navios que escalaram os respectivos portos num ano civil, que resulte da média dos últimos cinco anos.

ARTIGO 27.º
Articulação das autoridades nacionais competentes

A DGAM, como órgão central da AMN, e o IPTM estabelecerão os protocolos necessários ao estabelecimento de procedimentos administrativos e práticos que traduzam com eficácia o estabelecido no presente diploma.

ANEXO I
Navios com arqueação bruta inferior a 500 t

1 – Quando um instrumento pertinente (norma internacional das convenções aplicáveis) não é aplicável a um navio com uma arqueação bruta inferior a 500 t, a tarefa do inspector é avaliar se o navio segue as normas recomendáveis relativamente à segurança da navegação, à higiene e condições de vida a bordo e à protecção do meio ambiente, nomeadamente a prevenção da poluição. Ao fazer esta avaliação, o inspector deve tomar em consideração determinados factores, como, por exemplo, a duração e a natureza da viagem ou serviço, a dimensão e o tipo de navio, o equipamento nele instalado e a natureza da carga que transporta.

2 – No âmbito do referido no número anterior, o inspector deve guiar-se pelos certificados e outros documentos emitidos pelo Estado de pavilhão. Assim, à luz desses certificados e documentos, e de acordo com a impressão geral que ele tem do navio, faz a sua avaliação profissional para decidir se, e em que medida, o navio deve ser sujeito a uma inspecção mais aprofundada, tendo em atenção os factores mencionados no n.º 1. Ao fazer este tipo de inspecção (mais aprofundada), o inspector deve, na medida em que o julgar necessário, tomar em atenção os itens mencionados no número seguinte, cujo conteúdo não deve ser

considerado exaustivo, uma vez que apenas pretende exemplificar os pontos mais relevantes.

3 – Pontos de importância geral:

3.1 – Pontos relacionados com a determinação das linhas de carga:

a) Estanquidade dos convés expostos ao mau tempo e a condições meteorológicas adversas, ou à água, se for esse o caso;

b) Escotilhas e dispositivos de fecho;

c) Estanquidade dos fechos nas aberturas das superstruturas;

d) Saídas laterais;

e) Ventiladores e tubagem do ar;

f) Informação sobre estabilidade.

3.2 – Outros pontos relacionados com a segurança da vida no mar:

a) Dispositivos de salvamento;

b) Dispositivos de combate a incêndios;

c) Condições da estrutura geral (casco, tampas de escotilha, entre outros);

d) Casa da máquina principal e instalações eléctricas;

e) Equipamento de navegação, incluindo as instalações de rádio.

3.3 – Pontos relacionados com a prevenção da poluição provocada por navios:

a) Meios de descarga de crude ou misturas (por exemplo, a separação do crude da água) e equipamento de filtragem ou outros meios equivalentes (tanques para retenção do crude, de misturas e de resíduos);

b) Meios para a eliminação do crude, de misturas ou de resíduos;

c) Presença de crude nos espaços de fundo duplo da casa da máquina.

No caso de as anomalias detectadas representarem um perigo manifesto para a segurança, para a saúde ou para o ambiente, o inspector deve agir em conformidade com os factores mencionados no n.º 1 e, se necessário, decidir da necessidade da detenção do navio, de modo a assegurar que a anomalia é corrigida ou o navio, no caso de ter autorização para prosseguir viagem, não apresenta perigo manifesto para a segurança, a higiene ou o meio ambiente.

ANEXO II
Lista dos navios a inspeccionar prioritariamente

I – Factores prevalecentes

A inspecção dos navios a seguir referidos deve ser considerada de prioridade máxima, qualquer que seja o valor do factor de selecção:

1 – Navios relativamente aos quais um piloto ou as autoridades portuárias tenham comunicado a existência de anomalias que possam comprometer a segurança da navegação nos termos do artigo 21.º do RINE.

2 – Navios que não satisfaçam as condições estabelecidas na Directiva n.º 93/75/CEE, do Conselho, de 5 de Outubro de 1993.

3 – Navios que tenham sido objecto de relatório ou de notificação por outro Estado membro.

4 – Navios que tenham sido objecto de relatório ou de queixa do comandante, de um membro da tripulação ou de qualquer pessoa ou organização com interesse legítimo na segurança da exploração do navio, nas condições de vida e de trabalho a bordo ou na prevenção da poluição, a menos que a autoridade competente considere o relatório ou a queixa manifestamente infundado, não devendo a identidade da pessoa que apresentar o relatório ou a queixa ser revelada ao comandante ou ao proprietário do navio.

5 – Navios nas seguintes condições:
– Envolvidos num abalroamento, naufrágio ou encalhe quando em rota para o porto;
– Envolvidos em alegada violação das disposições relativas à descarga de substâncias ou efluentes nocivos;
– Manobrados de modo irregular ou perigoso, sem respeito pelas medidas de organização do tráfego, adoptadas pela IMO, ou pelos procedimentos e práticas de uma navegação segura, ou cujo modo de operação represente um perigo para as pessoas, para os bens ou para o ambiente.

6 – Navios suspensos ou retirados da sua classe por razões de segurança no decurso dos seis meses anteriores.

II – Factor global de selecção
Os navios a seguir indicados devem ser considerados prioritários para serem inspeccionados:

1 – Navios que escalem um porto nacional pela primeira vez ou após uma ausência de 12 meses ou mais e ao aplicar este critério a autoridade deve ter em conta as inspecções já efectuadas pelos membros do MA. Na falta de elementos adequados para tal fim, o IPTM/DIN deve basear-se nos dados disponíveis do SIRENAC, devendo inspeccionar os navios não registados nesta base de dados, após a sua entrada em funcionamento, em 1 de Janeiro de 1993.

2 – Navios que não tenham sido inspeccionados por um Estado membro no decurso dos seis meses anteriores.

3 – Navios cujos certificados obrigatórios de construção e de equipamento, emitidos nos termos das convenções, e cujos certificados de classificação tenham sido passados por uma organização não reconhecida, nos termos do Decreto-Lei n.º 115/96, de 6 de Agosto, relativo às regras comuns para as organizações de vistorias e de inspecção de navios e às actividades relevantes das administrações marítimas.

4 – Navios que arvorem o bandeira de um Estado que figure na tabela das detenções e de atrasos superiores à média, de que consta a média móvel trienal, publicada no relatório anual do MA.

5 – Navios que tenham sido autorizados a deixar o porto de um Estado membro sob certas condições, nomeadamente:
   a) Anomalias a rectificar antes da largada;
   b) Anomalias a rectificar no porto de escala seguinte;
   c) Anomalias a rectificar no prazo de 14 dias;
   d) Outras condições.

No caso de terem sido tomadas medidas relacionadas com o navio ou se tiverem sido rectificadas todas as anomalias, estes factos devem ser tidos em consideração.

6 – Navios relativamente aos quais tenha sido registado um número significativo de anomalias numa inspecção anterior.

7 – Navios anteriormente detidos num porto.

8 – Navios que arvorem a bandeira de um Estado que não tenha ratificado todas as convenções internacionais, referidas no artigo 3.º deste Regulamento.

9 – Navios que arvorem a bandeira de um Estado com uma taxa de anomalias superior à média.

10 – Navios com um número de anomalias relacionadas com a sua classe superior à média.

11 – Navios que pertençam a uma categoria para a qual tenha sido decidida uma inspecção alargada, nos termos do artigo 12.º deste Regulamento.

12 – Outros navios com mais de 13 anos de idade.

Ao determinar a ordem de prioridade para a inspecção dos navios atrás enumerados, o IPTM/DIN deve ter em conta a ordem expressa pelo factor global de selecção indicado pelo sistema de informação SIRENAC

A um factor de selecção maior corresponde uma prioridade mais elevada. O factor global de selecção é a soma dos valores dos factores de selecção definidos no quadro do MA. Os pontos 5, 6 e 7 dizem respeito apenas às inspecções efectuadas nos últimos 12 meses. O factor global de selecção não pode ser inferior à soma dos valores correspondentes aos pontos 3, 4, 8, 9, 10, 11 e 12.

ANEXO III
Perfil profissional dos inspectores – Critérios mínimos

1 – Nos termos da Directiva n.º 96/40/CE, da Comissão, de 25 de Junho, o cartão de identidade dos inspectores deve conter as seguintes informações:
   a) Nome da entidade emissora;
   b) Nome completo do detentor do cartão de identidade;
   c) Fotografia actual do detentor do cartão de identidade;
   d) Assinatura do detentor do cartão de identidade;
   e) Declaração autorizando o detentor a efectuar inspecções de navios ao abrigo do presente diploma;

f) Tradução no verso, em língua inglesa, dos elementos referidos nas alíneas anteriores.

2 – A)
Para se obter a qualidade de inspector MOU, torna-se necessário observar os seguintes requisitos:

Um mínimo de um ano ao serviço como inspector do Estado Português, afecto à inspecção e certificação de navios em conformidade com as convenções (Flag State Control);

E deve possuir:

a) Um certificado de competência para o posto de comandante que lhe permita comandar um navio com arqueação bruta igual ou superior a 1600 t, com conformidade com a Convenção NFCSQ, regra II/2; ou

b) Um certificado de competência para o posto de chefe de máquinas que lhe permita desempenhar essas funções a bordo de um navio cuja máquina principal tenha uma potência propulsora igual ou superior a 3000 kW, em conformidade com a Convenção NFCSQ, regra III/2; ou

c) Um diploma de arquitecto naval, engenheiro mecânico ou engenheiro noutro ramo de engenharia relacionado com o sector marítimo e experiência profissional de um mínimo de cinco anos nessa qualidade.

Os inspectores que se integrem nas categorias mencionadas nas alíneas a) e b) deverão ter prestado serviço como, respectivamente, oficial de convés ou oficial da secção de máquinas durante um período não inferior a cinco anos; ou:

B)
Possuir um diploma universitário pertinente ou formação equivalente;

Ter recebido formação e diploma de uma escola para inspectores de segurança de navios; e

Ter um mínimo de dois anos ao serviço de inspecção e certificação, nos termos das convenções, como inspector do Estado Português (Flag State Control).

3 – Capacidade de expressão oral e escrita com o pessoal navegante na língua mais correntemente falada no mar.

4 – Conhecimento adequado do disposto nas convenções internacionais e dos procedimentos pertinentes em matéria de inspecção de controlo pelo Estado do porto (Port State Control).

5 – Os inspectores que não preencham os critérios acima referidos também serão aceites nessa qualidade se, à data da adopção da presente directiva – 19 de Junho de 1995 –, se encontravam ao serviço da autoridade competente em matéria de inspecção e controlo de navios pelo Estado do porto e afectos a essa actividade.

ANEXO IV
Lista de certificados e documentos

1 – Certificado internacional de arqueação (1969).
2 –
 – Certificado de segurança para navios de passageiros;
 – Certificado de segurança de construção para navios de carga;
 – Certificado de segurança de equipamento para navios de carga;
 – Certificado de segurança radioeléctrica para navios de carga;
 – Certificado de segurança para navios de carga;
 – Certificado de isenção, incluindo, quando necessário, a lista das cargas.
3 –
 – Certificado internacional para o transporte de gases liquefeitos a granel;
 – Certificado para o transporte de gases liquefeitos a granel.
 – Certificado internacional para o transporte de produtos químicos perigosos a granel;
 – Certificado para o transporte de produtos químicos perigosos a granel.
4 – Certificado internacional de prevenção da poluição por hidrocarbonetos.
5 – Certificado internacional de prevenção da poluição para o transporte de substâncias líquidas nocivas a granel.
6 –
 – Certificado internacional das linhas de carga (1966);
 – Certificado internacional de isenção do bordo livre.
8 – Livro de registo de hidrocarbonetos, partes I e II.
9 – Livro de registo de carga.
10 – Documento relativo à lotação mínima de segurança. Certificados de competência.
11 – Certificados médicos em conformidade com a Convenção n.º 73 da OIT, relativa a exames médicos dos marítimos.
12 – Informações sobre a estabilidade.
13 – Cópia do documento de conformidade e do certificado de gestão para a segurança, emitidos nos termos do Código Internacional de Gestão para a Segurança da Exploração dos Navios e a Prevenção da Poluição (SOLAS) (capítulo IX).
14 – Certificados relativos à robustez do casco e às instalações das máquinas, emitidos pela sociedade de classificação respectiva, apenas se o navio mantiver a sua classificação por uma sociedade classificadora.
15 – Documento comprovativo de que o navio satisfaz os requisitos aplicáveis ao transporte de mercadorias perigosas.
16 – Certificado de segurança para embarcação de alta velocidade e licença de exploração de embarcação de alta velocidade.
17 – Lista ou manifesto, ou plano de estiva detalhado, das mercadorias perigosas.

18 – Diário de bordo onde são registados os ensaios e exercícios e o diário onde são registadas as inspecções e as operações de manutenção dos meios e dos dispositivos de salvação.

19 – Certificado de segurança para navio especializado.

20 – Certificado de segurança para unidade móvel de perfuração offshore.

21 – Registos do equipamento monitor de descarga de hidrocarbonetos relativos à última viagem em lastro, no caso de navios petroleiros.

22 – Rol de chamada, plano de combate a incêndios e, para navios de passageiros, plano para limitação de avarias.

23 – Plano de bordo de emergência em caso de poluição por hidrocarbonetos.

24 – Registos dos relatórios de vistorias para graneleiros e petroleiros.

25 – Relatórios das inspecções precedentes efectuadas pelo Estado do porto.

26 – Informação sobre a razão A/A_{max}, para navios ro-ro de passageiros.

27 – Documento de autorização de transporte de grão.

28 – Manual de fixação da carga.

29 – Plano de gestão e livro de registo do lixo.

30 – Sistema de apoio a decisões tomadas pelos comandantes de navios de passageiros.

31 – Plano de cooperação SAR para navios de passageiros que operam em ligações fixas.

32 – Lista de limitações operacionais para navios de passageiros.

33 – Caderno de estabilidade para navios graneleiros.

34 – Plano de carga e de descarga para navios graneleiros.

ANEXO V
Procedimentos para a inspecção de navios

1 – Princípios de lotação de segurança [Resolução A.48(xii) da IMO e anexos «Contents of Minimum Safe Manning Document» (annex 1) e «Guidelines for the application of Principles of Safe Manning» (annex 2)].

2 – As disposições do Código Marítimo Internacional para o Transporte de Mercadorias Perigosas.

3 – Publicação da Organização Internacional do Trabalho (OIT), *Inspection of Labour Conditions on Board Ship: Guidelines for Procedures*

4 – Anexo I, Port State Control Procedures, do MA de Paris.

ANEXO VI
Exemplos de motivos inequívocos para inspecção aprofundada

1 – Navios identificados na parte I e na parte II, pontos II-3, II-4, II-5b, II--5c, II-8 e II-11, do anexo II.
2 – Manutenção adequada do livro de registo de hidrocarbonetos.
3 – Inexactidões apuradas aquando da verificação dos certificados e de outros documentos.
4 – Indicações de incapacidade dos membros da tripulação para respeitarem o disposto no artigo 2.º do Decreto-Lei n.º 156/96, de 31 de Agosto, relativo ao nível mínimo de formação dos marítimos.
5 – Prova de que as operações de carga ou outras não são efectuadas de modo seguro ou de acordo com as orientações da IMO, por exemplo, de que o teor de oxigénio nas condutas que transportam o gás inerte para os tanques de carga é superior ao máximo previsto.
6 – Não apresentação pelo comandante de um navio petroleiro dos registos do equipamento monitor de descarga de hidrocarbonetos relativos à última viagem em lastro.
7 – Falta de um rol de chamada actualizado ou existência de membros da tripulação que desconheçam os seus deveres em caso de incêndio ou de abandono do navio.
8 – Emissão de falsos sinais de perigo não seguida de procedimentos de anulação adequados.
9 – Falta de equipamentos ou de dispositivos fundamentais exigidos pelas convenções.
10 – Condições de excessiva insalubridade a bordo.
11 – Indícios evidentes, a partir das impressões gerais e das observações dos inspectores, da existência de deterioração ou de anomalias graves no casco ou na estrutura, susceptíveis de comprometer a integridade estrutural, a estanquidade ou a estanquidade às intempéries sofridas pelo navio.
12 – Informações ou provas de que o comandante ou a tripulação não estão familiarizados com as operações de bordo essenciais para a segurança da navegação ou para a prevenção da poluição ou de não terem sido realizadas tais operações.

ANEXO VII

A – Tipos de navios sujeitos a inspecção alargada
1 – Navios petroleiros a cinco anos ou menos da data de saída de serviço, nos termos da regra 13-G do anexo I à Convenção MARPOL 73/78, ou seja:

Os navios petroleiros para transporte de hidrocarbonetos em bruto de porte bruto igual ou superior a 20 000 t ou navios transportadores de refinados de porte bruto igual ou superior a 30 000 t que não obedeçam às exigências relativas aos navios petroleiros novos, na acepção da regra 1, 26, do anexo à Convenção MARPOL 73/78, ficarão sujeitos a inspecção alargada 20 anos após a data de entrega, conforme referido do suplemento, modelo B, do certificado internacional de prevenção de poluição por hidrocarbonetos, ou 25 anos após essa data, se os respectivos tanques laterais ou espaços de fundo duplo não utilizados para o transporte de hidrocarbonetos cumprirem os requisitos definidos na regra 13-G, 4, do referido anexo, a não ser que tenham sido reconstruídos em conformidade com o disposto na regra 13-F do mesmo anexo;

Os navios petroleiros acima referidos que obedeçam aos requisitos relativos aos navios petroleiros novos definidos na regra 1, 26, do anexo I à Convenção MARPOL 73/78 ficarão sujeitos a inspecção alargada 25 anos após a data de entrega, conforme referido no suplemento, modelo B, do certificado internacional de prevenção de poluição por hidrocarbonetos, a não ser que cumpram o disposto na regra 13-F do referido anexo ou tenham sido reconstruídos por forma a cumprirem o disposto nessa regra.

2 – Navios graneleiros com mais de 12 anos, determinados com base na data de construção que consta dos certificados de segurança do navio.

3 – Navios de passageiros.

4 – Navios-tanques para transporte de gás e produtos químicos com mais de 10 anos, determinados com base na data de construção que consta dos certificados de segurança do navio.

B – Orientações não vinculativas para a inspecção alargada de certos tipos de navios

Na medida do aplicável, os seguintes elementos poderão fazer parte integrante da inspecção alargada. Os inspectores deverão ter em consideração o facto de que a execução de certas operações a bordo, por exemplo, operações de carga, pode ser comprometida com a realização de testes no seu decurso que tenham incidência directa nessas operações.

1 – Navios em geral (todos os tipos da secção A do presente anexo):

– Corte de energia e arranque do gerador de emergência;
– Vistoria do sistema de iluminação de emergência;
– Funcionamento da bomba de incêndio de emergência com duas mangueiras ligadas à conduta principal;
– Operação das bombas do porão;
– Fecho das portas estanques;
– Lançamento à água de uma baleeira de barlamar;
– Teste do sistema de paragem de emergência por controlo remoto de, por exemplo, caldeiras e bombas de ventilação de combustível;

– Teste do aparelho de governo, incluindo o aparelho de governo auxiliar;
– Vistoria das fontes de alimentação de emergência dos sistemas de radiocomunicações;
– Vistoria e, na medida das possibilidades, teste do separador da casa das máquinas.

2 – Navios petroleiros. – Para além dos referidos no n.º 1, poderão fazer parte integrante da inspecção alargada dos navios petroleiros os seguintes elementos:
– Equipamento de espuma contra incêndios fixo no convés;
– Equipamento geral de combate a incêndios;
– Vistoria dos registos corta-fogos da casa das máquinas, da casa das bombas e das acomodações;
– Controlo da pressão do gás inerte e do teor em oxigénio deste;
– Consulta do registo de relatórios de inspecção, em conformidade com a Resolução A.744 (18) da OMI, para detecção de eventuais zonas suspeitas que careçam de inspecção.

3 – Navios graneleiros. – Para além dos referidos no n.º 1, poderão fazer parte integrante da inspecção alargada dos navios graneleiros os seguintes elementos:
– Possível corrosão dos fixes do equipamento do convés;
– Possível deformação e ou corrosão das tampas das escotilhas;
– Possíveis fissuras ou corrosão das anteparas transversais;
– Acesso aos porões de carga;
– Consulta do registo de relatórios de inspecção, em conformidade com a Resolução A.744 (18) da OMI, para detecção de eventuais zonas suspeitas que careçam de inspecção.

4 – Navios-tanques para transporte de gás e produtos químicos. – Para além dos referidos do n.º 1, poderão fazer parte integrante da inspecção alargada dos navios-tanques para transporte de gás e produtos químicos os seguintes elementos:
– Monitorização dos tanques de carga e dos dispositivos de segurança, de pressão e de margem de vazio;
– Dispositivos de análise do oxigénio e explosímetros, incluindo a respectiva calibragem. Disponibilidade de equipamento de detecção de substâncias químicas com um número apropriado de sondas de detecção de gases adequadas à carga específica transportada;
– Equipamentos de evacuação de camarote com cabal protecção respiratória e dos olhos para todas as pessoas a bordo (se exigido pelos produtos enumerados no certificado internacional ou no certificado para o transporte de produtos químicos perigosos a granel ou de gases liquefeitos a granel, consoante o aplicável);
– Verificação de que os produtos transportados vêm enumerados no certi-

ficado internacional ou no certificado para o transporte de produtos químicos perigosos a granel ou de gases liquefeitos a granel, consoante o aplicável;

– Instalações de combate aos fogos no convés, sejam elas com base em espumas ou substâncias químicas secas ou outras, consoante o exigido pelo produto transportado.

5 – Navios de passageiros. – Para além dos elementos referidos no n.º 1, poderão fazer parte integrante da inspecção alargada de navios de passageiros os seguintes elementos:

– Teste do sistema de detecção e alarme de incêndios;
– Teste de vedação adequada das portas corta-fogos;
– Teste do sistema de comunicações aos passageiros;
– Exercício do combate a incêndios com, no mínimo, demonstração de todos os equipamentos dos bombeiros e participação do pessoal de câmaras;
– Demonstração do conhecimento do plano de controlo de danos por parte dos principais membros da tripulação.

Se se revelar necessário, a inspecção poderá continuar enquanto o navio está em trânsito para ou do porto de um Estado membro com o consentimento do comandante ou do armador. Os inspectores não entravarão o funcionamento do navio, nem provocarão situações que, na opinião do comandante, possam pôr em perigo a segurança dos passageiros, da tripulação e do navio.

ANEXO VIII/1

ANEXO N.º 3 AO MA
Notificação ao comandante do navio
MODELO A
(Ver modelo no documento original)

ANEXO VIII/2
MODELO B
(Ver modelo no documento original)

ANEXO VIII/3
Códigos de acções tomadas
(Ver tabela no documento original)

ANEXO IX
Critérios de detenção de um navio

Introdução

Antes de se determinar se as deficiências detectadas numa inspecção justificam a detenção do navio implicado, o inspector deve aplicar os critérios referidos nos n.os 1 e 2 deste anexo.

No n.º 3 apresentam-se exemplos de deficiências que, por si só, podem justificar a detenção do navio implicado em conformidade com o n.º 3 do artigo 15.º, do presente Regulamento.

Se o motivo para a detenção resultar de avaria acidental sofrida pelo navio, quando em rota para um porto, não deve ser dada ordem de detenção, na condição de:

a) Terem sido respeitadas as prescrições constantes da regra I/11(c) da Convenção SOLAS de 1974 relativas à notificação da administração do Estado de bandeira, do inspector designado ou da organização reconhecida responsável pela emissão do certificado pertinente;

b) Terem sido fornecidas à autoridade competente do Estado de porto pelo comandante ou pelo proprietário, antes do navio dar entrada, as informações sobre as circunstâncias do acidente e a avaria sofrida e sobre a notificação obrigatória da administração do Estado de bandeira;

c) Estarem a ser tomadas no navio medidas de rectificação que a autoridade competente considere adequadas;

d) Ter a autoridade competente verificado que foram corrigidas as anomalias manifestamente perigosas para a segurança, saúde ou ambiente, uma vez notificada da conclusão dos trabalhos de rectificação.

1 – Critérios principais. – Ao decidir da necessidade ou não de deter um navio, o inspector deverá aplicar os seguintes critérios:

Tempo de detenção – os navios que não apresentam condições de segurança para se fazerem ao mar devem ser detidos aquando da primeira inspecção, independentemente do tempo que devam permanecer no porto;

Critério – o navio deve ser detido se as suas deficiências forem suficientemente graves para que se justifique uma nova ida do inspector a bordo para se certificar de que as deficiências foram corrigidas antes do navio levantar ferro.

A necessidade de o inspector voltar a bordo caracteriza a gravidade das deficiências. Implica que a autoridade deve verificar de alguma maneira, de preferência mediante nova visita, se as deficiências foram corrigidas antes da partida.

2 – Aplicação dos critérios principais. – Para decidir se as deficiências num navio são suficientemente graves para justificarem a detenção, o inspector deverá pôr a si próprio as seguintes perguntas:

1) O navio possui a documentação competente válida?
2) O navio dispõe da tripulação exigida pelo documento relativo à lotação mínima de segurança?

Durante a inspecção, o inspector deverá ponderar se o navio e ou a tripulação têm meios para:

3) Navegar em condições de segurança durante a viagem em preparação;
4) Manusear, transportar e controlar a carga em condições de segurança durante toda a viagem;
5) Operar a casa das máquinas em condições de segurança durante toda a viagem;
6) Manter uma propulsão e pilotagem adequadas durante toda a viagem;
7) Combater eficazmente os fogos em qualquer parte do navio, se necessário, durante toda a viagem;
8) Abandonar o navio com rapidez e segurança e, se necessário, efectuar operações de salvamento durante toda a viagem;
9) Prevenir a poluição do ambiente durante toda a viagem;
10) Manter uma estabilidade adequada durante toda a viagem;
11) Manter uma estanquidade adequada durante toda a viagem;
12) Comunicar em situações de perigo, se necessário, durante toda a viagem;
13) Dispor de condições de segurança e higiene a bordo durante toda a viagem.

Se a resposta a qualquer destas questões for negativa, tendo em consideração todas as deficiências detectadas, deve pôr-se seriamente a hipótese da detenção. Uma combinação de deficiências de natureza menos grave pode igualmente justificar a detenção do navio.

3 – A fim de auxiliar o inspector na execução destas directrizes, segue-se uma lista, não exaustiva, de deficiências que podem ser consideradas suficientemente graves para justificar uma detenção do navio, agrupadas em função das convenções e ou códigos pertinentes.

No entanto, as deficiências nos domínios abrangidos pela Convenção STCW de 1978, numeradas no n.º 3.8 que podem justificar a detenção do navio são os únicos motivos para a detenção de um navio ao abrigo desta convenção:

3.1 – Generalidades. – A ausência de certificados válidos exigidos pelos instrumentos pertinentes. Contudo, os navios que arvorem pavilhão de Estados que não sejam parte numa dada convenção (instrumento pertinente) ou que não tenham dado execução a outro instrumento pertinente não estão autorizados a possuir os certificados previstos pela convenção ou por outro instrumento pertinente. Por conseguinte, a ausência dos certificados exigidos não constitui, por si só, razão que justifique a detenção desses navios; contudo, a regra que impede qualquer tratamento mais favorável exigirá o cumprimento cabal das regras antes da partida do navio.

3.2 – Domínios abrangidos pela Convenção SOLAS:
  1) Avarias de funcionamento do equipamento de propulsão ou outros equipamentos essenciais, bem como das instalações eléctricas:
  2) Limpeza insuficiente da casa das máquinas, quantidade excessiva de misturas de hidrocarbonetos em água nos fundos de porão, contaminação por hidrocarbonetos dos isolamentos das tubagens, incluindo as tubagens de exaustão da casa das máquinas, funcionamento deficiente dos dispositivos e bombagem do porão;
  3) Avarias de funcionamento do gerador de emergência, da iluminação, das baterias e dos interruptores;
  4) Avarias de funcionamento dos aparelhos de governo principal e auxiliar;
  5) Ausência, insuficiente capacidade ou grave deterioração dos equipamentos de salvação pessoais, de embarcações salva-vidas e dos dispositivos de lançamento;
  6) Ausência, inadequação às normas ou grave deterioração que não permita a sua utilização para o fim a que se destinam do sistema de detecção de incêndios, dos alarmes de incêndio, do equipamento de combate ao fogo, das instalações fixas de extinção de fogos, das válvulas de ventilação, dos registos corta-fogos ou dos dispositivos de fecho rápido;
  7) Ausência, substancial deterioração ou avaria de funcionamento da protecção contra incêndios no convés de carga dos navios-tanques;
  8) Ausência, inadequação às normas ou grave deterioração das luzes e dos sinais visuais ou sonoros;
  9) Ausência ou avaria de funcionamento do equipamento de rádio para mensagens de emergência e comunicação de segurança;
  10) Ausência ou avaria de funcionamento do equipamento de navegação, tendo em atenção o disposto no Regulamento SOLAS V/12 (o);
  11) Ausência de cartas de navegação corrigidas e ou de quaisquer publicações náuticas pertinentes necessárias para a viagem planeada, tendo em conta que as cartas informatizadas podem ser utilizadas para substituição das cartas referidas;
  12) Ausência de ventilação de exaustão não ignicível nas casas de bombagem da carga (Regulamento SOLAS II-2/59.3.1).
  13) Deficiências graves a nível dos requisitos operacionais, conforme descrito na secção 5.5 do anexo I do MA.
  14) Efectivo, composição ou certificação da tripulação não concordantes com o documento relativo à lotação de segurança.
3.3 – Domínios abrangidos pelo Código IBC:
  1) Transporte de substância não mencionada no certificado para o transporte ou informação insuficiente sobre a carga;

2) Ausência ou deterioração dos dispositivos de segurança de alta pressão (8.2.3);
3) Instalações eléctricas com más condições de segurança intrínsecas ou que não correspondem aos requisitos do Código (10.2.3);
4) Fontes de ignição em locais de risco contemplados no n.º 10.2 (11.3.15);
5) Violações dos requisitos especiais (15);
6) Ultrapassagem da linha de carga máxima admissível por tanque (16.1);
7) Deficiente protecção térmica dos produtos sensíveis (16.6).

3.4 – Domínios abrangidos pelo Código IGC:
1) Transporte de uma substância não mencionada no certificado para o transporte ou ausência de informação sobre a carga (18.1);
2) Falta de dispositivos de fecho em áreas de alojamento ou serviço (3.2.6);
3) Antepara não estanque aos gases (3.3.2);
4) Câmara de ar deficiente (3.6);
5) Ausência ou avaria das válvulas de fecho rápido (5.6);
6) Ausência ou avaria das válvulas de segurança (8.2);
7) Instalações eléctricas com más condições de segurança intrínsecas ou que não correspondam aos requisitos do Código (10.2.4);
8) Ventiladores da área de carga não accionáveis (12.1);
9) Alarmes de pressão dos tanques de carga não accionáveis (13.4.1);
10) Instalação de detecção de gases e ou de gases tóxicos deteriorada (13.6);
11) Transporte de substâncias que devem ser inibidas sem um certificado de inibição válido (17/19).

3.5 – Domínios abrangidos pela Convenção sobre as Linhas de Carga:
1) Presença de áreas significativas com danos ou corrosão, pontos de ferrugem e consequente rigidez no convés e no casco afectando a navegabilidade ou a capacidade de receber carga nesses pontos, a menos que se efectuem as reparações temporárias para aceder a um porto onde se farão as reparações definitivas;
2) Um caso comprovado de insuficiente instabilidade;
3) Ausência de informação suficiente e fiável, em termos aprovados, que por meios rápidos e simples permitam ao comandante providenciar no sentido do carregamento e lastragem do navio de forma a manter uma margem de estabilidade segura em todas as fases da viagem e sob condições variáveis e a evitar tensões inadmissíveis na estrutura do navio;
4) Ausência, deterioração substancial ou defeitos dos dispositivos de fechamento, das disposições de fechamento das escotilhas e das portas estanques;
5) Excesso de carga;

6) Ausência da marca de tirante de água ou impossibilidade de leitura da mesma.

3.6 – Áreas abrangidas pelo anexo I à Convenção MARPOL:

1) Ausência, séria deterioração ou falha no bom funcionamento do equipamento de filtragem de hidrocarbonetos/água, do equipamento monitor de descarga de hidrocarbonetos e do sistema de controlo das disposições de alarme 15 ppm;

2) Capacidade restante do tanque de resíduos e ou de lamas insuficiente para a viagem prevista;

3) Inexistência do livro de registo de hidrocarbonetos [20(5)];

4) Encanamento para a descarga de resíduos instalado sem autorização.

3.7 – Áreas abrangidas pelo anexo II à Convenção MARPOL:

1) Ausência do manual P&D;

2) Carregamento não classificado em categorias [3(4)];

3) Inexistência do livro de registo de carga [9(6)];

4) Transporte de substâncias semelhantes aos hidrocarbonetos que não satisfaça os requisitos ou efectuado sem um certificado devidamente alterado (14);

5) Encanamento para a descarga de resíduos instalado sem autorização.

3.8 – Áreas abrangidas pela Convenção STCW:

1) Marítimos que não disponham de qualquer certificado, de um certificado adequado, de uma dispensa válida ou de prova documental de apresentação de um pedido de autenticação à administração do Estado de bandeira;

2) Incumprimento das prescrições aplicáveis relativas à lotação de segurança, estabelecidas pela administração do Estado de bandeira;

3) Organização de serviço de quartos de navegação ou máquinas, não conforme com os requisitos especificados para o navio pela administração do Estado de bandeira;

4) Ausência num quarto, de pessoa qualificada para operar o equipamento essencial para a segurança da navegação, para as radiocomunicações de segurança ou para a prevenção da poluição marinha:

5) Impossibilidade de fornecer prova de aptidão para o desempenho das tarefas atribuídas aos marítimos, relacionadas com a segurança do navio e com a prevenção da poluição;

6) Impossibilidade de garantir tripulantes suficientemente repousados e aptos para o serviço do primeiro quarto, no início de uma viagem e para os quartos seguintes.

3.9 – Áreas abrangidas pelas convenções OIT:

1) Comida insuficiente para a viagem até ao porto mais próximo;

2) Água potável insuficiente para a viagem até ao porto mais próximo;

3) Condições excessivamente insalubres a bordo;

4) Ausência de aquecimento na área de alojamento de um navio que opere em zonas onde as temperaturas possam ser excessivamente baixas;
5) Excesso de lixo, bloqueamento com equipamento ou carga ou outras condições de falta de segurança nas áreas de passagem/alojamento.

3.10 – Áreas que podem não justificar uma detenção, mas que implicam, por exemplo, a suspensão das operações de carregamento:

ANEXO X/1
Notificação aos Estados membros
(anexo n.º 2 ao MA)

1 – No caso de as anomalias não serem completamente corrigidas ou de o serem apenas provisoriamente, deverá ser enviada uma mensagem à autoridade competente do Estado membro em que o próximo porto de escala do navio se situar.

2 – O intercâmbio de mensagens referido no n.º 1 deverá ser feito utilizando os meios de comunicação facultados pelo sistema de informação descrito no anexo XI e ou por fax, mediante utilização do formulário previsto no presente anexo.

3 – Cada mensagem trocada ao abrigo do n.º 1 deverá conter as seguintes informações:
– Data;
– Emissor;
– Porto;
– Destinatário;
– Porto;
– Enumeração das anomalias que devem ser corrigidas;
– Nome do navio;
– Número de identificação IMO;
– Tipo de navio;
– Pavilhão do navio;
– Código de chamada/indicativo de chamada (call sign);
– Arqueação bruta;
– Ano de construção;
– Nome da entidade emissora dos certificados;
– Data de partida;
– Data prevista de chegada;
– Natureza das anomalias;
– Acção a tomar;

- Acção sugerida;
- Acção sugerida no próximo porto de escala;
- Nome e fax do emissor.

ANEXO XI/1
Intercâmbio de informações
(anexo n.° 4 ao MA)

1 – Para que as autoridades competentes possam ser auxiliadas na inspecção de navios nos seus portos é necessário que tenham à sua disposição informação actualizada sobre as inspecções realizadas nos seis meses anteriores nos portos dos Estados membros.

Para tal, as autoridades competentes comprometem-se a fornecer ao Centre Administratif des Affaires Maritimes (CAAM), em Saint-Malo, de preferência por meio informático, informação sobre os navios inspeccionados nos portos nacionais, seguindo as instruções fixadas no anexo VIII (que integrou o anexo n.° 3 ao MA). A informação dos ficheiros de inspecção deve ser actualizada diariamente.

2 – Para efeitos de trocas de informação rápidas, o sistema de informação deve estar munido de um meio que possibilite a troca directa de mensagens entre autoridades individuais -incluindo as notificações previstas na secção 3.8 do MA- e a troca de informações sobre violações operacionais constantes da secção 5 do MA.

3 – A informação prevista nos n.os 1 e 2 deverá ser tratada de forma normalizada, de acordo com os procedimentos estabelecidos no guia para utilizadores da informação fornecido pelo referido CAAM.

4 – O CAAM – através do processamento da informação previsto no n.° 1 – tem a seu cargo assegurar que os dados das inspecções fiquem acessíveis tanto para consulta como para actualização, de acordo com os procedimentos estabelecidos no supramencionado guia.

5 – O telex continuará, no entanto, a ser um sistema alternativo, que implica a utilização do formulário normalizado que faz parte do presente anexo.

6 – A informação para efeitos administrativos, como é o caso da informação estatística, deve ser fornecida pelo secretariado, sob orientação do comité, com base nos dados fornecidos pelo CAAM.

7 – Sempre que forem detectadas anomalias que – provoquem o atraso ou a imobilização de um navio, a autoridade competente enviará uma cópia do respectivo relatório – de acordo com o anexo VIII ao presente Regulamento – à administração do pavilhão em causa.

ANEXO XI/2
Formulário de telex para navios inspeccionados

Relatório de inspecção
1 – Nome do país que emite.
2 – Nome do navio.
3 – Pavilhão do navio.
4 – Tipo de navio.
5 – Indicativo/código de chamada.
6 – Número IMO.
7 – Arqueação bruta.
8 – Ano de construção.
9 – Data de inspecção.
10 – Local de inspecção.
11 – Certificados relevantes:
a) Título do certificado;
b) Entidade que o emitiu;
c) Data de emissão e de caducidade (dia, mês, ano).
12 – Anomalias (sim/não).
13 – O navio sofreu um atraso (sim/não).
14 – Natureza das anomalias (neste ponto deve incluir a referência à convenção aplicável, se mencionada no documento deixado a bordo).
15 – Acções tomadas.
Neste ponto, e em alternativa, podem ser adicionadas referências particulares ao n.º 15, se a acção tomada tiver relação directa com a anomalia descrita.

ANEXO XII
Publicação das informações sobre detenções e inspecções efectuadas em portos nacionais

I – As informações publicadas nos termos do n.º 1 do artigo 17.º devem incluir os seguintes elementos:
– Nome do navio;
– Número IMO;
– Tipo de navio;
– Arqueação (GT);
– Ano de construção;
– Nome e morada do proprietário ou do armador do navio;
– Estado de bandeira;
– A sociedade ou sociedades de classificação que tenham emitido para o navio em causa os certificados de classificação;

– A sociedade de classificação ou qualquer outra entidade que tenha emitido para o navio em causa certificados nos termos das convenções em nome do Estado de bandeira, incluindo a menção dos certificados emitidos;
– Número de detenções nos 24 meses precedentes;
– País e porto de detenção;
– Data de levantamento da detenção;
– Duração da detenção, em dias;
– Número de anomalias encontradas e motivos da detenção, em termos claros e explícitos;
– Em caso de recusa de acesso do navio a qualquer dos portos comunitários, motivos da mesma, em termos claros e explícitos;
– Indicação referindo se a sociedade de classificação, ou outro organismo privado, ao efectuar uma inspecção teve qualquer responsabilidade no que respeita às anomalias que, por si só ou combinadas com outras, levaram à detenção do navio;
– Descrição das medidas tomadas nos casos em que um navio seja autorizado a seguir para o estaleiro de reparação adequado mais próximo ou em que lhe seja recusado o acesso a qualquer porto comunitário.

II – A informação relativa aos navios inspeccionados, tornada pública nos termos do n.º 2 do artigo 17.º deve incluir os seguintes elementos:
– Nome do navio;
– Número IMO;
– Tipo de navio;
– Arqueação (GT);
– Ano de construção;
– Nome e morada do proprietário ou do armador do navio;
– Estado de bandeira;
– Sociedade ou sociedades de classificação que tenham emitido para o navio em causa os certificados de classificação;
– Sociedade de classificação ou qualquer outra entidade que tenha emitido para o navio em causa certificados nos termos das convenções em nome do Estado de bandeira, incluindo a menção dos certificados emitidos;
– País, porto e data de inspecção;
– Número de anomalias, por categoria de anomalias.»

ANEXO VIII/1
ANEXO N.º 3 AO MA
Notificação ao comandante do navio

Modelo A

(autoridade emissora) Cópia Inspecção de Navios e Segurança Marítima
(morada) (cópia inspectores)
(telefone) (cópia IMO)
(telefax)
(telegrama)
(telex)

1. Nome da Autoridade emissora ....
2. Nome do navio .... 3. Bandeira do navio ....
4. Tipo de Navio ....
5. Indicativo de chamada .... 6. Número IMO ....
7. Arqueação bruta .... 8. Ano de construção ....
9. Data da inspecção .... 10. Porto de Inspecção ....
11. Certificados mais relevantes ....

a. Nome   b. Autoridade emissora   c. Data de emissão/validade
1. ....
2. ....
3. ....
4. ....
5. ....
6. ....
7. ....
8. ....
9. ....
10. ....
11. ....
12. ....

b) A informação seguinte respeitante à inspecção intermédia deve ser fornecida se o prazo da próxima inspecção tiver sido ou não ultrapassado.

Data   Autoridade   Local
1. ....
2. ....
3. ....
4. ....
5. ....
6. ....
7. ....
8. ....
9. ....
10. ....
11. ....
12. ....

12. Deficiências   não   sim   (ver Mod. B)   SOLAS   MARPOL

13. Navio imobilizado   não   sim
14. Documentos de suporte   não   sim   (Ver anexo)

Local   Nome
Telefone   (Inspector autorizado)
Telefax/telex/telegrama   Assinatura

ANEXO VIII/2

Modelo B

(autoridade emissora) Cópia Inspecção de Navios e Segurança Marítima
(morada) (cópia inspectores)
(telefone) (cópia IMO)
(telefax)
(telegrama)
(telex)

1. Nome da Autoridade emissora ....
2. Nome do navio .... 5. Indicativo de chamada ....
9. Data da inspecção .... 10. Porto de Inspecção ....

15. Natureza da deficiência   Convenção (referências)[1]   16. Acções tomadas[2]

Nome
(Inspector Autorizado)
Assinatura

1) Para ser completado no caso de imobilização
2) Códigos de acções tomadas, incluindo porm exemplo: navio imobilizado/desembaraçado, informação ao Estado de bandeira, informação às sociedades classificadoras, informação ao porto seguinte (ver códigos na página seguinte).

ANEXO VIII/3
Códigos de acções tomadas

Código	Acção
00	Nenhuma acção tomada.
10	Deficiência rectificada.
15	Deficiência rectificada no próximo porto.
16	Deficiência rectificada dentro de 14 dias.
17	Capitão do navio informado de que deve rectificar deficiência antes da partida.
20	Motivos do atraso.
25	Navio autorizado a partir após o atraso.
30	Motivos da imobilização.
35	Navio autorizado a sair depois da imobilização.
36	Navio autorizado a sair depois de levantada a imobilização.
40	Próximo porto informado.
45	Próximo porto informado para imobilizar.
50	Estado da bandeira/cônsul informado.
55	Estado de bandeira consultado.
60	Estado membro informado.
70	Sociedade classificadora informada.
80	Substituição temporária do equipamento.
85	Investigação da contravenção às medidas definidas pela MARPOL.
95	Carta de aviso emitida.
96	Carta de aviso a revogar.
99	Outras.

ÍNDICE GERAL

CAPÍTULO I
Repartições Marítimas

ARTIGO 1.º	– (Repartições marítimas)	11
ARTIGO 2.º	– (Limites das áreas de jurisdição das repartições marítimas)	13
ARTIGO 3.º	– Atribuições das repartições marítimas *(Revogado pelo D/L 44/ /2002 de 02.03)*...	13
ARTIGO 4.º	– (Jurisdição marítima)..	13
ARTIGO 5.º	– (Capitães de portos e oficiais adjuntos)	13
ARTIGO 6.º	– (Substituição dos capitães de portos)..	14
ARTIGO 7.º	– *(Revogado pelo D/L 44/02 de 02.03)*...	14
ARTIGO 8.º	– (Lotações das repartições marítimas)..	14
ARTIGO 9.º	– (Competência disciplinar dos capitães de portos e dos oficiais--adjuntos	15
ARTIGO 10.º	– *(Revogado pelo D/L 44/02 de 02.03)*...	15
ARTIGO 11.º	– *(Revogado pelo D/L 44/02 de 02.03)*...	20
ARTIGO 12.º	– (Competência dos oficiais adjuntos)	20
ARTIGO 13.º	– (Competência dos patrões-mores)..	20
ARTIGO 14.º	– (Competência dos escrivães)..	21
ARTIGO 15.º	– *(Revogada pelo D/L 248/95 de 21.09)*...	21
ARTIGO 16.º	– *(Revogada pelo D/L 248/95 de 21.09)*...	21
ARTIGO 17.º	– *(Revogada pelo D/L 248/95 de 21.09)*...	21
ARTIGO 18.º	– (Competência do restante pessoal militar e civil).....................	21

CAPITULO II
Classificação das embarcações nacionais

ARTIGO 19.º	– (Classificação das embarcações quanto às actividades a que se destinam)	22
ARTIGO 19.º-A–	(Embarcações de alta velocidade)..	22
ARTIGO 20.º	– (Embarcações de comércio)	22
ARTIGO 21.º	– *(Revogado pelo D/L n.º 278/87 de 7.7)*	23
ARTIGO 22.º	– (Embarcações de recreio)..	23
ARTIGO 23.º	– (Rebocadores)..	23

ARTIGO 23.°-A–	....	23
ARTIGO 24.°	– (Embarcações auxiliares)	23
ARTIGO 25.°	– (Classificação das embarcações de comércio quanto à área em que podem operar)..	24
ARTIGO 26.°	– (Embarcações de tráfego local)...	24
ARTIGO 27.°	– (Embarcações de navegação costeira nacional).......................	25
ARTIGO 28.°	– (Embarcações de navegação costeira internacional)................	25
ARTIGO 29.°	– (Embarcações de cabotagem)..	26
ARTIGO 30.°	– (Alteração dos limites da navegação costeira e de cabotagem)	26
ARTIGO 31.°	– (Estabelecimento dos limites da navegação costeira internacional e de cabotagem)..	26
ARTIGO 32.°	– (Embarcações de longo curso)	26
ARTIGO 33.°	– (Classificação das embarcações de comércio quanto à natureza do transporte que efectuam)...	27
ARTIGO 34.° a 42.°	– *(Revogados pelo D/L n.° 278/87 de 7.7)*	27
ARTIGO 43.°	– (Classificação de rebocadores e embarcações auxiliares quanto à área em que podem operar)...	27
ARTIGO 44.°	– (Regulamentos sanitários em vigor)..	28

CAPÍTULO III
Aquisição, construção ou modificação de embarcações

ARTIGO 45.°	– (Definição de aquisição, construção ou modificação de embarcações)	28
ARTIGO 46.°	– (Aquisição, construção ou modificação de embarcações de comércio)	28
ARTIGO 47.°	– (Aquisição, construção ou modificação de embarcações de pesca)	29
ARTIGO 48.° a 50.°	– *(Revogados pelos D.L. n.ºs 278/87 de 7.7 e 150/88 de 28.4)*	29
ARTIGO 51.°	– (Caducidade da autorização para construção ou modificação de embarcações mercantes)..	29
ARTIGO 52.° e 53.°	– *(Revogados pelos D.L. n.ºs 278/87 de 7.7 e 150/88 de 28.4)..*	30
ARTIGO 54.°	– (Transmissão de autorizações para aquisição ou construção de embarcações de pesca)	30
ARTIGO 55.°	– (Dispensa de autorização de construção ou modificação de embarcações)..	30
ARTIGO 56.° e 57.°	– *(Revogados pelo D.L. 278/87 de 7.7)*	30

CAPÍTULO IV
Arqueação das embarcações

ARTIGO 58.° a 71.° – *(Revogados pelo D/L 245/94 de 26.09)* 31

CAPITULO V
Registo de embarcações

ARTIGO 72.º	– (Registo de propriedade e registo comercial)	31
ARTIGO 73.º	– (Repartição competente para o registo)	31
ARTIGO 74.º	– (Porto de registo e porto de armamento)	32
ARTIGO 75.º	– (Registos provisórios)	32
ARTIGO 76.º	– (Embarcações desprovidas de meios de propulsão)	33
ARTIGO 77.º	– (Embarcações dispensadas de registo)	33
ARTIGO 78.º	– (Requisitos e termos do primeiro registo definitivo)	33
ARTIGO 79.º	– (Registo de embarcações do Estado)	35
ARTIGO 80.º	– (Cancelamento de registo)	35
ARTIGO 81.º	– (Reforma e alteração de registo)	36
ARTIGO 81.º-A–	A injustificada inactividade das embarcações de pesca	36
	Ver Portaria n.º 193/89 de 8.3 (transcrição)	36
ARTIGO 82.º	– (Autorização para reforma de registo)	37
ARTIGO 83.º	– (Termos da reforma de registo)	37
ARTIGO 84.º	– (Alteração por simples averbamento)	38
ARTIGO 85.º	– (Actualização dos documentos da embarcação)	38
ARTIGO 86.º	– (Transferência de registo)	38
ARTIGO 87.º	– *(Revogado)*	39
ARTIGO 88.º	– (Termos da transferência de registo)	39
ARTIGO 89.º	– (Actualização dos documentos da embarcação e cancelamento do registo anterior)	39
ARTIGO 90.º	– (Abate de registo)	40
ARTIGO 91.º	– (Condições em que se realiza a demolição ou o desmantelamento)	40
ARTIGO 92.º	– (Pedido para demolição)	40
ARTIGO 93.º	– (Citação de credores e interessados)	41
ARTIGO 94.º	– (Oposição e concurso de credores)	41
ARTIGO 95.º	– (Garantia dos credores nos casos de desmantelamento e equiparados)	42
ARTIGO 96.º	– (Auto de demolição ou de desmantelamento; abandono à entidade seguradora)	42
ARTIGO 97.º	– (Dispensa de algumas formalidades)	43
ARTIGO 98.º	– (Material flutuante adquirido para desmantelar)	43
ARTIGO 99.º	– (Abate de registo por naufrágio)	43
ARTIGO 100.º	– (Abate de registo por falta de notícias)	44
ARTIGO 101.º	– (Anulação do abate)	45
ARTIGO 102.º	– (Abate de registo por perda da nacionalidade)	45
ARTIGO 103.º	– (Prazo para a actualização dos registos)	45
ARTIGO 104.º	– (Comunicação dos registos)	46

CAPÍTULO VI
Identificação das embarcações

ARTIGO 105.º –	(Identificação das embarcações)	46
ARTIGO 106.º –	(Conjunto de identificação)	46
ARTIGO 107.º –	(Número de registo)	47
ARTIGO 108.º –	(Letra ou letras indicativas da área de actividade ou da entidade proprietária)	48
ARTIGO 109.º –	(Nome das embarcações)	48
ARTIGO 110.º –	(Inscrições a marcar nas embarcações)	49
ARTIGO 111.º –	(Marcação das inscrições)	50
ARTIGO 112.º –	(Inscrições a usar pelas embarcações de tráfego local que não sejam de passageiros e rebocadores e embarcações auxiliares do porto)	50
ARTIGO 113.º –	(Inscrições a usar pelas embarcações de navegação costeira rebocadores e embarcações auxiliares costeiros de arqueação bruta igualou inferior a 20 t.)	51
ARTIGO 114.º –	(Inscrições a usar pelas embarcações de pesca local e costeira).	51
ARTIGO 115.º –	(Inscrições a usar pelas restantes embarcações)	52
ARTIGO 116.º –	(Embarcações de vela)	53
ARTIGO 117.º –	(Penalidades pelo não cumprimento das disposições relativas às inscrições a fazer nas embarcações)	53
ARTIGO 118.º –	(Embarcações que podem ser isentas de marcar as inscrições)	53

CAPÍTULO VII
Bandeira e papéis de bord

ARTIGO 119.º –	(Meios de prova da nacionalidade das embarcações)	54
ARTIGO 120.º –	(Uso da bandeira da nacionalidade e de outras bandeiras e distintivos)	54
ARTIGO 121.º –	(Papéis de bordo)	56
ARTIGO 122.º –	(Título de propriedade)	57
ARTIGO 123.º –	(Passaporte de embarcação)	58
ARTIGO 124.º –	(Concessão de passaporte)	58
ARTIGO 125.º –	(Reforma de passaporte)	59
ARTIGO 126.º –	(Passaporte provisório)	59
ARTIGO 127.º –	(Rol de tripulação)	60
ARTIGO 128.º –	(Certificado de navegabilidade)	60
ARTIGO 129.º –	(Certificados de navegabilidade provisórios e especiais)	61
ARTIGO 130.º –	(Certificados de segurança da C. I. S. V. H. M.)	61
ARTIGO 131.º –	(Certificados internacionais das linhas de carga e de isenção do bordo livre)	62
ARTIGO 132.º –	(Certificado das linhas de água carregada)	62
ARTIGO 133.º –	(Impresso para informação das condições, em que foi feito o carregamento)	63

Índice Geral

ARTIGO 134.º e 135.º – *(Revogados pelos D.L. n.ºs 191/98 de 10.7 e 190/98 de 10.7)*		63
ARTIGO 136.º – (Certificados e outros documentos do R.I.M.).........................		63
ARTIGO 137.º – (Certificado de prova dos aparelhos de carga e descarga)........		64
ARTIGO 138.º – (Certificado de compensação de agulhas)..............................		64
ARTIGO 139.º – (Diário da navegação)		64
ARTIGO 140.º – (Diário das máquinas)		65
ARTIGO 141.º – (Certificado de arqueação)		65
ARTIGO 142.º – (Lista de passageiros)		66
ARTIGO 143.º – (Lotação de passageiros)		66
ARTIGO 144.º – (Livro de registo de óleos)		66
ARTIGO 145.º – (Despacho de largada da autoridade marítima)		67
ARTIGO 146.º – (Alvará de saída)		68
ARTIGO 147.º – (Desembaraço da autoridade sanitária)		68
ARTIGO 148.º – (Conhecimentos e fretamentos; manifesto de carga)..............		69
ARTIGO 149.º – (Guarda dos papéis de bordo)		69
ARTIGO 150.º – (Apresentação dos papéis de bordo)		69
ARTIGO 151.º – (Papéis a apresentar à chegada a um porto)...........................		70
ARTIGO 152.º – (Penalidades aplicáveis a irregularidades relativas a papéis de bordo)		70
ARTIGO 153.º – (Legalização dos livros de bordo)..		70
ARTIGO 154.º – (Papéis de bordo retidos numa repartição marítima)		71

CAPÍTULO VIII
Segurança das embarcações e da navegação

ARTIGO 155.º – (Responsabilidade da segurança das embarcações e das pessoas e cargas nelas embarcadas)		71
ARTIGO 156.º – (Organismos que passam as vistorias)		72
ARTIGO 157.º – (Espécies de vistorias)...		73
ARTIGO 158.º – (Vistorias de construção)..		73
ARTIGO 159.º – (Vistorias de registo)		73
ARTIGO 160.º – (Vistorias de manutenção)..		75
ARTIGO 161.º – (Vistorias suplementares)...		75
ARTIGO 162.º – *(Revogado pelo D.L. 195/98 de 10.7)*.....................................		75
ARTIGO 163.º – (Responsabilidade do comandante e restantes membros da tripulação na segurança da embarcação)		76
ARTIGO 164.º – (Responsabilidade do comandante pela segurança e protecção da sua embarcação nos portos)...		76
ARTIGO 165.º – (Condições gerais de segurança)...		76
ARTIGO 166.º – (Obrigações do comandante nos sinistros marítimos)		77
ARTIGO 167.º – (Obrigações das autoridades marítimas nos sinistros marítimos)		77
ARTIGO 168.º – (Embarcações afundadas ou encalhadas na área de jurisdição marítima)		78
ARTIGO 169.º – (Outras disposições relativas a segurança das embarcações, da navegação, da pesca e a vistorias)...		79

ARTIGO 170.º – (Comunicações)		80
ARTIGO 171.º – (Fogos de artifício)		81
ARTIGO 172.º – (penalidades)		81

CAPÍTULO IX
Ancoradouros, amarrações e atracações

ARTIGO 173.º – (Ancoradouros e suas espécies)		81
ARTIGO 174.º – *(Revogado pelo D.L. 46/02 de 02.3)*		82
ARTIGO 175.º – (Embarcações atracadas ou a reboque de outras amarradas a bóias ou fundeadas)		82
ARTIGO 176.º – (Embarcações em risco de garrar, de se desamarrar ou de prejudicar outras)		83
ARTIGO 177.º – (Embarcações com amarrações enrascadas)		83
ARTIGO 178.º – *(Revogado pelo D.L. 46/02 de 02.3)*		83
ARTIGO 179.º – *(Revogado pelo D.L. 46/02 de 02.3)*		83
ARTIGO 180.º – (Paus de carga)		84
ARTIGO 181.º – *(Revogado pelo D.L. 46/02 de 02.3)*		84
ARTIGO 182.º – *(Revogado pelo D.L. 46/02 de 02.3)*		84
ARTIGO 183.º – *(Revogado pelo D.L. 46/02 de 02.3)*		84
ARTIGO 184.º – (Penalidades)		84

CAPÍTULO X
Objectos achados no mar

ARTIGO 185.º – (Regime dos objectos achados no mar, no fundo do mar ou por este arrojados)		84
ARTIGO 186.º – (Concessão da licença do artigo 7.º do Decreto-Lei n.º 416/70)		84
ARTIGO 187.º – (Elementos a enviar pelas capitanias ao IPA – Instituto Português da Arqueologia relativamente às licenças)		85
ARTIGO 188.º – (Achados de natureza militar)		85
ARTIGO 189.º – (Achados pelas embarcações de material de natureza militar)		85
ARTIGO 190.º – (Providências das autoridades marítimas e navais quanto a achados de natureza militar)		86
ARTIGO 191.º – (Achados de natureza militar entregues às autoridades aduaneiras)		86
ARTIGO 192.º – (Destino dos achados de natureza militar)		86
ARTIGO 193.º – (Dever de informar as autoridades aduaneiras)		86
ARTIGO 194.º – (Ferros perdidos)		87
ARTIGO 195.º – (Rocega de ferro perdido)		87
ARTIGO 196.º – (Ferros perdidos por navios da Armada ou outras embarcações do Estado)		87
ARTIGO 197.º – (Ferro achado ao suspender)		88
ARTIGO 198.º – (Ferro achado ao rocegar outro)		88
ARTIGO 199.º – (Ferro registado achado por outrém)		88

ARTIGO 200.º – (Perda do direito ao ferro achado por outrém).........................	89
ARTIGO 201.º – (Ferro achado ou rocegado por embarcação do Estado)..........	89
ARTIGO 202.º – (Ferros não registados)...	89
ARTIGO 203.º – (Falta de manifesto de ferros achados)	90
ARTIGO 204.º – (Embarcações abandonadas)	90

CAPÍTULO XI
Regras processuais

ARTIGO 205.º – (Relatórios de mar)...	90
ARTIGO 206.º a 228.º – *(Revogados pela Lei 35/86 de 4.9, que aprovou o regime dos tribunais marítimos)*..	91

CAPÍTULO XIII
Disposições especiais sobre actividades de embarcações

ARTIGO 229.º e 230.º – *(Revogados pelo D.L. 278/87 de 7.7)*.	91
ARTIGO 231.º – (Tráfego marítimo entre portos portugueses).........................	91
ARTIGO 232.º – (Embarcações desprovidas de propulsão)..............................	91
ARTIGO 233.º – (Meteorologia)..	92
ARTIGO 234.º – (Armas e munições a bordo de embarcações)	92
ARTIGO 235.º – (Material flutuante para obras nos portos)............................	92

CAPÍTULO XIV
Emolumentos e taxas; receitas e despesas

ARTIGO 236.º – (Emolumentos e outras verbas)...	93
ARTIGO 237.º – (Elementos para cobrança de taxas e elaboração de estatísticas)	93
ARTIGO 238.º – (Cobrança de receitas)...	94
ARTIGO 239.º – (Registo de receitas)...	94
ARTIGO 240.º – (Entrega de receitas)...	95
ARTIGO 241.º – (Guias de entrega)	95
ARTIGO 242.º – (Registo de preparos)	96
ARTIGO 243.º – (Alterações aos artigos anteriores).......................................	96

CAPÍTULO XV
Disposições diversas, finais e transitórias

ARTIGO 244.º – *(Revogado pelo D/L 44/02 de 02.03)*......................................	96
ARTIGO 245.º – (Esclarecimento de dúvidas)	97
ARTIGO 246.º – (Alterações ao regulamento)	97
ARTIGO 247.º – (Legislação que se mantém, provisoriamente, em vigor)	97

ARTIGO 248.º – (Outras disposições legais em vigor) 97
ARTIGO 249.º – (Legislação revogada) 98
ARTIGO 250.º – (Data de entrada em vigor) 99

ANEXO
QUADRO N.º 1 (Observações ao quadro n.º 1)

Limite interior da área de jurisdição marítima em águas interiores, respectivos leitos e margens 100

ANEXO
QUADRO N.º 2

(Caracteres designativos do Porto de Registo) 104

DIPLOMAS COMPLEMENTARES:

Decreto-Lei n.º 43/02 de 02.03 109
Decreto-Lei n.º 44/02 de 02.03 115
Decreto-Lei n.º 45/02 de 02.03 131
Decreto-Lei n.º 46/02 de 02.03 139
Decreto-Lei n.º 195/98 de 10.07 145